Emmanuel Kileo

Grüß Gott aus Afrika!

Deutsche Mentalität
aus Sicht eines tansanischen Missionars

Erlanger Verlag
für Mission
und Ökumene

Quellenhinweis:

Das Gebet (S. 85) stammt aus dem Buch:

Fritz Pawelzik: Die Sonne brennt meine Haut: Gebete und Sozialgedichte aus Afrika, Wuppertal 1978

Das Porträtfoto (S. 189) und die Gruppenfotografie (S. 162) befinden sich im Besitz von Mission EineWelt. Sämtliche weiteren Fotografien sind im Privatbesitz des Autors.

Umschlaggestaltung: Daniela Denk, Neuendettelsau
Titelfotografien: Emmanuel Kileo, Johann Bodächtel
Lektorat und Satz: Susanna Endres, Nürnberg
Druck und Bindung: buchbücher.de, Frensdorf
Erlanger Verlag: ISBN 978-3-87214-537-1
mabase-verlag: ISBN 978-3-939171-35-5

www.erlanger-verlag.de
www.mabase-verlag.de

Für

meine Frau Linda und

meine Söhne Ian und Ivan.

Inhalt

Zum Geleit

Fremde und Einheimische spielen in unserer Gesellschaft verschiedene Rollen. In der Rolle des Einheimischen lässt sich das Vertraute schwer unvertraut machen. Man sagt sich: »Es war doch schon immer so...« Und letztendlich bleibt es dann auch so. In diesem Sinne ist es nur natürlich, dass Einheimische manche Sachen nicht reflektieren - nicht reflektieren können.

Man muss sich das Vertraute unvertraut machen, ehe man sich selbst verstehen kann.

Indem Fremde dieses *Denken-wie-üblich* in unserer Gesellschaft nicht selbst leben, obwohl die Einheimischen das *Sosein* mit allen Mitteln verteidigen, geben sie wertvolle Impulse für unsere Gesellschaft. Ihre Rolle als Fremde ermöglicht ihnen eine fremde Wahrnehmung auf das Bestehende, um das bisherige *Sosein* zu reflektieren.

Das, was Einheimische oft einfach nicht mehr sehen können, da es sich für sie im Vertrauten versteckt, versuche ich durch dieses Buch wieder sichtbar zu machen, auch wenn wir Fremde manchmal in die Gefahr einer zu groben Pauschalisierung geraten können. Doch die Angst vor Pauschalisierungen ist manchmal größer als die Gefahr selbst. Deshalb fasse ich meinen Mut zusammen und nehme meine eigenen unbewussten Voreingenommenheiten zum Thema *Deutsche Mentalität* in Kauf, denn wenn ich dies nicht täte, blieben manche Dimensionen des Themas im Verborgenen.

Ausgehend von diesen Denkimpulsen versuche ich in diesem Buch Verhaltensmuster aus meiner eigenen subjektiven Sicht darzustellen, mit dem Ziel, den so oft vernachlässigten Blick von außen auf die deutsche Gesellschaft zu vergegenwärtigen. Denn: Wie andere über uns denken, zählt, wenn wir danach suchen, wie wir wirklich sind.

Vom Mutterland zum Vaterland

Genau weiß man woher, aber nicht wohin
Siha, Tansania

Es war doch kein Kinderspiel. Überhaupt nicht.

Wir sollten unser Heimatland verlassen und in ein fremdes Land mit anderer Kultur und Mentalität gehen. Sogar wohnen sollten wir dort.

Als afrikanischer Pfarrer sollte ich nach Deutschland gehen um dort mitzuwirken, wo, wie pauschal gesagt wurde, das Christentum in den letzten Zügen liegt. Meine ersten Gedanken waren dementsprechend: »Das wird kein Zuckerschlecken.«

Bereits nach der Berufung war klar: Ich werde mein Land verlassen und in den Freistaat Bayern, ins Allgäu gehen, dorthin, wo die Menschen stark wie die Berge sind; wo die Hauptsache ist, dass man gesund ist und arbeitet. Natürlich würde es eine große Herausforderung werden. In Kaufbeuren sind nur etwa 25 % der gesamten Bevölkerung Angehörige der Evangelisch-lutherischen Kirche. Sicherlich würde es nicht langweilig sein, die Rolle der evangelischen Gläubigen hier in Kaufbeuren als Minderheit zu erfahren.

Man sollte vielleicht schon vorher ein bisschen Ahnung vom fremden Land haben. Aber wie? Andererseits ist es vielleicht sogar ganz gut, wenn man nicht alles vorher weiß ...

Hätten wir z. B. vorher gewusst, dass es hier so saukalt ist, wären wir von der ganzen Sache nicht so begeistert gewesen. Dementsprechend lautete das Motto von mir, meiner Frau Linda und unserem neunmonatigen Sohn Ian vor der Abfahrt: »Wir lassen uns einfach überraschen.«

Im März 2007 flogen wir dann begeistert von Tansania nach Deutschland. Unsere Reise vom Mutterland, wie Tansania von Einheimischen genannt wird, zum Vaterland - der Bundesrepublik, hatte begonnen!

Die Berge und den Kilimandscharo hinter uns zu lassen, war nicht leicht. Wir wohnten damals am Hang des Kilimandscharo in einer Höhe von ca. 2000 m. Da ist es so grün wie hier im Allgäuer Land. Das Klima da ist anders, als man es sich hier üblicherweise von Afrika vorstellt. Cool! Dort, am Fuß der Berge, wohnen unsere Eltern und unsere Geschwister – sieben von mir und vier von meiner Frau.

Wir dagegen wohnen jetzt im tiefsten Allgäu, in Kaufbeuren. Die Kleinstadt ist etwa 100 km von der Zugspitze entfernt, so ist der gewohnte Blick auf den schneebedeckten Berg, den Kilimandscharo, nicht ganz verloren. Er ist - Gott sei Dank - durch den Anblick der Alpen ersetzt. Auch in Tansania wohnten wir, wo andere Urlaub machen. Die Welt macht Urlaub am Kilimandscharo - und die Welt mach Urlaub im Allgäu. In unserer Heimat schaut man bereits früh am Morgen auf den Kilimandscharo, während des Zähneputzens und wenn man beobachtet wie langsam die Sonne aufgeht. Der Blick auf den Berg geht oft einher mit einem Gebet.

Also, die Alpen sind immer da. Deshalb fühlen wir uns hier schon zuhause. Also, zuhause hier, aber daheim am Kilimandscharo.

Drei Städte in der Welt, so sagt eine Erzählung, muss man in seinem Leben besichtigen:

- **Athen:** wo man den Philosophen und der Demokratie begegnet.
- **Kalkutta:** wo man Mutter Teresa und ihre soziale Arbeit kennenlernt
- **Wittenberg:** wo man auf Luther und das Evangelium trifft.

Nun auch Luther war für uns ein Anreiz, nach Deutschland zu kommen. Ja, Martin Luther, der Reformator! Als Lutheraner war es für uns wichtig, dass wir die evangelisch-lutherische Kirche hier in Deutschland kennen lernen und die Chance nutzen die *Eine Kirche Gottes* mit zu gestalten. Auch wollte ich die Gelegenheit nutzen zu erfahren, wie die Menschen hier ihren Glauben ausüben. Vielleicht ist es hier nicht genauso wie bei uns. Vielleicht ist es hier auch ganz anders. Ich hatte bereits in Tansania viele Deutsche kennen gelernt, die ihren christlichen Glauben ein bisschen anders ausübten wie wir. Vielleicht war ihr Glauben bereits globalisiert und liberalisiert? Manche waren geschieden. Na ja! Bei manchen haben wir später festgestellt, dass sie homosexuell waren. Einer sagte sogar: »Ich bin schwul, aber bekennender Christ.« Manche haben bei uns in den Kirchengebäuden sogar Alkohol getrunken. Unvorstellbar bei uns! Die Kirche schweigt über diese Themen, dennoch gilt derartiges bei uns noch bis heute als Sünde. So liberal sind wir noch nicht.

Dementsprechend groß war unsere Neugier, die Kultur in Deutschland kennen zu lernen. Ja! Alles kennen zu lernen. Alles Gute, alles Schlechte und sogar das Komische.

Und doch stand vor der Abreise die große Frage im Raum, ob man sich in eine so fremdartige Kultur integrieren könne, ob man willkommen sei und vielleicht sogar Freunde und Freundinnen finden würde.

Der Kirchenvorstand der evangelischen Kirche in Kaufbeuren war mutig. Sehr mutig! Er hat »Ja« gesagt. Er wollte noch einen afrikanischen Pfarrer haben. Ist das nicht Mut? Sie haben uns in ihrer Gemeinde angenommen. Wir lernten die Gemeinde kennen und dürfen aktiv mitwirken. Gott sei Dank! Es ist nicht so einfach, wie man sich das vielleicht vorstellt, schließlich hätte es ja auch sein können, dass wir woanders gelandet wären - vielleicht in München, in Franken, in der Oberpfalz oder ganz woanders im Freistaat. So vielfältig ist Bayern.

Doch hier in Kaufbeuren haben wir Freunde und Freundinnen, Nachbarn und Nachbarinnen gefunden. Das ist sehr nett! Unsere Kinder fanden sogar Ersatzomas und -opas. Wie in Afrika! Natürlich haben die Omas und Opas in Afrika keinen Terminkalender, während die Omas und Opas hier den Kalender immer mitbringen. Vielleicht ist das der Unterschied. Tatsächlich sind die Omas und Opas für uns hier sogar sehr wichtig, denn ich arbeite zum einen mit einer halben Stelle in der Gemeinde und mit einer anderen halben Stelle bin ich für Mission EineWelt, dem Zentrum für Partnerschaft, Entwicklung und Mission der evangelisch-lutherischen Kirche in Bayern, im ganzen Freistaat unterwegs. Die evangelisch-lutherische Kirche in Bayern hat diese Austauschmöglichkeit ins Leben gerufen. Durch meine Berufung pflege ich die gegenseitige Beziehung zwischen der Kirche hier und der Kirche in Tansania. In meiner alltäglichen Arbeit machen diese zwei halben Stellen jedoch manchmal mehr als eine ganze aus, doch das macht nichts. Hauptsache die Arbeit macht Spaß. So merke ich z. B. bei meinen Reisen, dass der Freistaat sehr groß ist. Man kann durch Bayern von Nord nach Süd etwa 500 km fahren (Hof - Oberstdorf), wobei bei dieser ganzen Fahrerei wieder deutlich wird, wie hilfreich Ersatzomas und -opas, Nachbarn und Freunde für uns sind.

In meiner Arbeit bin ich manchmal nicht nur Pfarrer, sondern vielmehr auch Fahrer, da ich in ganz Bayern herumfahren muss.

Mittlerweile kenne ich Bayern fast besser als viele Einheimische. Ja! So weiß der Bayer nicht unbedingt, dass ein Nürnberger, der sagt: »Fahrer übt« die hassgeliebten Fürther meint. Andere Länder - andere Sprache! Da merke ich auch, dass der *Weißwurstäquator* nicht um München herumliegt, wie viele Bayern glauben, sondern ein ganzes Stück weit nördlicher von der Donau. Und man mag es kaum glauben: Sogar in Franken werden Weißwürste ab und zu gegessen! Oder dann als Geheimtipp: Möchte man im Freistaat herausfinden wie ein Dorf tickt oder ob es katholisch oder evangelisch ist, so besucht man einfach eine Metzgerei. Je nach dem, ob dort Weiß- oder Bratwürste angeboten werden, erkennt man genau, mit welcher Konfession und Mentalität man es ab sofort zu tun bekommt.

Es bereichert mich sehr, diese Vielzahl von unterschiedlichsten kulturellen Prägungen in ganz Bayern zu erfahren und so war meine Zeit hier bisher mal faszinierend, mal verzweifelnd und schlussendlich einfach abenteuerlich.

Was wussten wir vorher über Deutschland?

Kennt man die Bäume nicht, behandelt man sie alle wie Feuerholz.
Uganda

Ihr fliegt nach Europa, kennt ihr denn die europäische Mentalität?, so wurden wir von unseren Bekannten gefragt. Auch wir haben uns manchmal solche Fragen gestellt. Es war uns aber klar: Ein mehrjähriger Aufenthalt in einem fremden Land beinhaltet stets zwei Dinge: Gewinn und Verlust. Jawohl! No risk - no fun! Wir alle waren bereit, dieses bereichernde, einmalige und abenteuerliche Erlebnis zu machen.

Später haben wir oft gedacht, dass wir eigentlich grundlos Angst hatten. Erst spät erfuhren wir, dass der Freistaat vor noch nicht allzu langer Zeit ganz ähnliche Dinge wie manche Länder Afrikas erlebt hat: Diktatur, Korruption, Zivilisation, ethnische Kriege, Entwicklungshilfe aus den USA usw. Auch wird das Land bis heute von manch anderen westlichen Ländern bestaunt und belächelt. Seine Grenzen und Demokratie hat sich Bayern nicht selbst ausgesucht. Vielleicht trifft dies auch nicht nur auf Bayern zu! So einen Hinweis hätten wir sicherlich gebraucht.

Die Tatsache, dass sich die Menschen hier nicht als emotional, sondern rational verstehen, war uns dagegen durchaus bewusst. Aber dass das Sachliche, Rechnerische und Fachliche dann so sehr im Vordergrund stehen würde, das war uns nicht klar. Andere klischeehafte Vorstellungen, wie manch andere sie haben, etwa dass Deutschland eigentlich Bayern heißt, hatten wir eigentlich nicht. So etwas wie Neuschwanstein oder Lederhose, Hut und Dirndl kannten wir gar nicht. Vor unserer Abreise nach Deutschland hatten wir uns kaum mit Themen wie Kulturschock oder Integration beschäftigt. Wir hätten auch nie gedacht, dass so etwas notwendig wäre. Wir haben immer gedacht, dass es schon irgendwie klappen würde. »Es muss gehen«, sagten wir immer.

Einige Tage vor unserer Abfahrt haben wir am Abend eine afrikanische Familie besucht, deren Mann ein paar Jahre in Deutschland gewesen war. Im Gespräch mit dieser Familie haben wir festgestellt, dass wir zu spät in Kontakt gekommen waren. Wir hätten mehr Zeit mit dieser Familie verbringen müssen. Sie konnten uns sehr gute Tipps geben. In dem Gespräch wurde deutlich, dass es kein Kinderspiel sein würde, in Deutschland zu leben. Er sagte uns: »Dort gibt es viele Sitzungen, eine nach der anderen. Es ist normal, dass man pro Tag an vielen Sitzungen teilnehmen muss.« Worum es in solchen Sitzungen geht, darf ein Afrikaner nicht fragen: »…es kann sein, dass es um einen Baum geht, der gefällt werden soll. So eine Sache braucht manchmal mehrere Sitzungen.«

Nachvollziehbar war aber, dass man flexibel und spontan sein muss, um sich dem Rhythmus hier anzupassen. Uns wurde z. B. gesagt, dass es sein kann, dass man manchmal zu seinem Nachbarn nicht »Hallo« sagen könne, da der dies einfach nicht wolle oder weil es einfach nicht geklappt hat, mit ihm ins Gespräch zu kommen.

»Das sollte für euch keine Überraschung sein«, sagte er. Er schilderte auch, wie er einmal jemanden mit einem »Hallo« grüßte und wie dieser, statt sein »Hallo« zu erwidern, zu ihm sagte: »Sie haben mich erschreckt!« Das fanden wir nicht mehr sehr witzig. Vielleicht war das aber auch ein besonderer Fall. Meines Erachtens darf man überall »Hallo« sagen, man muss nur damit leben, dass nicht jeder antwortet. Natürlich in den Bergen, in den Alpen, darf man auch zu unbekannten Personen »Hallo« sagen. Da darf man sogar »Hallihallo« sagen! Das ist doch die Einzigartigkeit im Allgäu!

Alles wurde uns aber dann klar, als wir einen Nachbarn hier im ersten Winter nur einmal mit einem »Hallo« grüßen konnten. Er war im Winter die ganze Zeit nicht zu sehen gewesen. Interessant wurde es dann aber im Sommer danach. Wir hatten gedacht, dass unser Nachbar sein altes Auto verkauft und im Gegenzug hierzu zwei neue Autos auf einmal gekauft hätte. Aber das war nicht der Fall. Der Nachbar, den wir im Winter gegrüßt hatten, war jemand ganz anders gewesen. Die Menschen hier sahen ja damals für uns alle sehr ähnlich aus. Der ehemalige Nachbar war ausgezogen und ein ganz anderer Typ in seine Wohnung eingezogen. Aber, dass wir nicht gemerkt hatten, dass er jemand anders war, war für uns dann einfach der *Hammer*. Deshalb haben wir uns manchmal sehr gefreut, wenn der Postangestellte uns fragte, ob wir ein Paket für unseren Nachbarn annehmen könnten. So hatten wir die Gelegenheit, unserem Nachbarn »Hallo« zu sagen und konnten dann auch versuchen, ins Gespräch zu kommen. Das klappte eigentlich ganz gut. Da dachten wir, dass die Mentalität hier vielleicht anders ist. Die Einheimischen warten darauf, dass sie angesprochen werden. Dann reden sie. Bei uns wird ein Fremder angesprochen. Hier muss der Fremde die Einheimischen ansprechen. Also einfach umgekehrt: Die Einheimischen warten darauf angesprochen zu werden und die Fremden warten darauf angesprochen zu werden. Da können die beiden ewig aufeinander warten. Aktiv statt passiv!

Obwohl wir nicht viel über Deutschland wussten, herrschte Unsicherheit. Ganz am Anfang hatten unsere Verwandten große Angst davor, dass wir europäische Prägungen annehmen könnten. Sie glaubten und befürchteten, dass der Langzeitaufenthalt hier in Europa mit einer Änderung der Art zu leben einherginge. Wäre es aber nicht schade, wenn wir gleich geblieben wären?

Unsere Verwandten hatten also Angst davor, dass wir uns in dieser neuen säkularen Kultur verlieren würden, dass wir uns später nicht mehr an Afrika anpassen könnten. Natürlich beeinflussten uns die Ängste unserer Verwandten. Es war ein Kampf, Afrikaner zu bleiben. In manchen Dingen scheint es uns gelungen, in manch anderen leider nicht. Als Trost sagt der Volksmund der Bambara in Mali: *Ganz egal wie lange ein Baumstamm im Wasser liegt, er wird kein Krokodil werden.*

Ich selber hatte keine Angst davor, dass ich später nicht mehr als Gemeindepfarrer in Afrika arbeiten könnte. Für mich war klar: Wenn deutsche Ärzte in Afrika mehr als fünf Jahre arbeiten und sich danach hier in Deutschland beruflich zurechtfinden, kann es ein Pfarrer vielleicht noch besser. Denn im Pfarramt passieren nicht gar so viele technische Veränderungen innerhalb von fünf Jahren wie im Krankenhaus. Horizonterweiterung und neue Blinkwinkel zu erfahren, waren für mich die wichtigsten Erlebnisse.

»Die Welt ist größer als Tansania«, sagten wir uns. Mir war auch sehr bewusst, dass diese neue interkulturelle Kompetenz eine Bereicherung ist. Ein neuer Blick in die Welt war für mich wichtig. Deshalb bin ich Gott sehr dankbar, dass ich diese einmalige Erfahrung machen dufte.

Klar war für uns auch vorher, dass diese interkulturelle Begegnung ein andauernder Prozess ist und viel Toleranz braucht. Man benötigt genug Zeit, um andere Menschen zu verstehen. Dazu waren wir bereit. Wir haben uns sogar ermutigt, dass die Unterschiede nicht gleichbedeutend mit falsch sind: »Anderssein heißt nicht Falschsein: Anderssein heißt einfach anders.« Diese Unterschiede zu bewerten, würde etwas ganz anderes bedeuten, denn wir sehen ja nur die Spitze des Eisbergs. Auch in einer fremden Kultur sieht man nur oberflächlich was man sehen will oder was einem zu sehen beigebracht wurde. Wenn hier die älteren Damen mit Goldschmuck und High-Heels überall schicker als die Mädels sind und es bei uns umgekehrt ist - macht doch nichts. Hauptsache, es wird gelebt, hier als Senior, bei uns als Mädel. Vielleicht wird hier zuerst gearbeitet, dann gelebt. Von den Männern hier oder dort habe ich keine Ahnung! Männer sehen sich ja auch nicht!

Es macht auch nichts, wenn hier nur kurz gegrüßt, dafür aber länger verabschiedet wird, während es bei uns umgekehrt ist. Die einen wollen anfangs viel wissen und die anderen eben am Ende: »Auf Wiedersehen! Tschüss, mach's gut. Pass gut auf dich auf und fahr langsam, es wurde angesagt, dass es heute Nacht glatt ist, fahr also vorsichtig!«

So verabschiedet man sich hier. Anderssein heißt einfach anders!

Als Fremder musst du hierher Humor mitbringen

Der Gast ist ein Segen
Suaheli Sprichwort

Das alltägliche Leben bewegte uns von Anfang an. Wir waren und sind immer voll im Schwung. Als schwarzer Mensch war man schon motiviert zu erfahren, wie sich das Zusammenleben hier gestaltet. Insbesondere wenn man sich irgendwo als einziger Afrikaner befindet.

Direkt am Flughafen, als wir von Tansania nach Deutschland kamen, konnten wir bereits die erste Erfahrung damit sammeln: Am Flughafen wurde ich mit meiner Frau und meinem Sohn ausgiebig kontrolliert. Unsere Pässe schienen in jeder Kontrollstation nicht ausreichend. Mal sollte ein Kollege das zusätzlich überprüfen. Ein anderes Mal sollte irgendwo zusätzlich angerufen werden. Am unangenehmsten war uns dabei, dass die Menschen hinter uns deshalb warten mussten.

Unsere Begeisterung schwankte sehr oft. Wir mussten später einige Formulare ausfüllen und unsere Staatangehörigkeit angeben. Obwohl eine der Fragen lautete: »Aus welchem Land kommen Sie?«, hatte man keine Möglichkeit, sein Heimatland zu benennen - da man nur *aus EU-Ländern* oder *aus Nicht-EU-Ländern* ankreuzen konnte. Hier lautete unsere Staatangehörigkeit also *Nicht EU-Länder*. Das war schon einmal was für sich. Als ob diese Enttäuschung nicht gereicht hätte, bekamen wir noch weitere Formulare zum Ausfüllen.

Hier fanden wir unser Vorurteil bestätigt: Deutschland, das Land der Formulare. Auch auf diesen neuen Formularen wurde gefragt: »Aus welchem Land kommen Sie?« Tatsächlich, die gleiche Frage! Der Volksmund bei uns sagt: *Wer von einer Schlange gebissen wurde, läuft auch vor einem Regenwurm davon.*

Also sind wir davon ausgegangen, dass unser Land wieder *Nicht EU-Länder* heißen würde. Aber nein: Gott sei Dank - hier hatte man schon die Gelegenheit sein Mutterland genauer zu benennen. Denn alle Kontinente waren mit ihren einzelnen Ländern aufgelistet. »So sollte es immer sein«, sagten wir uns.

Bei genauerer Durchsicht stellten wir jedoch fest, dass Afrika leider nur mit Ägypten, Libyen, Tunesien, Marokko, Algerien, und dem Wort *sonstiges Afrika* vertreten war. Unser Mutterland Tansania war nicht als afrikanischer Staat aufgeführt. Wieder Pech! Das glaubt man einfach nicht. Die Formulare sind von der Stadt gedruckt. Humorvoll ausgedrückt hieß unsere Staatangehörigkeit ab jetzt also *sonstiges Afrika*. Das war damals vielleicht das Allerschlimmste.

Auf einmal war das auch für den Beamten peinlich. Denn ich wollte das Formular selber nicht mehr ausfüllen. Ich konnte einfach mein Mutterland nicht als *sonstiges Afrika* bezeichnen. Oder bezeichnen Sie hier auch einige Länder in Europa als *sonstiges Europa*? Der Herr Beamte hat das Wort *sonstiges Afrika* dann selbst angekreuzt. Das empfand er dann auch nicht mehr als sehr lustig.

Wir hatten nicht geglaubt, dass derartige strukturelle Diskriminierungen noch bis heute institutionalisiert sind. Klarer wurde mir die Situation dann noch, als ich erfahren habe, dass es eine scharfe Trennung zwischen Außenpolitik und Entwicklungspolitik gibt. Ja, bei den Ländern des Südens heißt es Entwicklungspolitik und kaum, wenn überhaupt, Außenpolitik. Dies war der Punkt, an dem ich verstand, dass wir uns nicht nur von den kulturellen Differenzen überraschen lassen durften, sondern obendrein auch noch genügend Mut, Entschlossenheit und Humor mitbringen mussten. Man redet heutzutage ja auch von einem hohen Grad an Geduld und Leidensfähigkeit. Ich bin bisher ja auch noch nie nach Amerika geflogen. Denn wer dorthin fliegt, scheint noch unwürdiger kontrolliert zu werden. Das soll jedoch weder eine Entschuldigung noch ein Trost sein.

Von nun an war uns klar, dass wir eine neue Rolle zu verkörpern haben. Innerhalb von ca. zwölf Stunden, dem Flug von Tansania nach Deutschland, hatten wir unsere Rolle als Einheimische verloren. Wir hatten jetzt eine ganz andere Rolle. Die Rolle der Fremden! Es ist keine einfache Rolle. Der Bantu Volksmund sagt deutlich: *Die Straße sagt dem Reisenden nicht, was ihn am Ende seines Weges erwartet.*

In so einer Situation, wo ein Fremder durch die gesellschaftlichen Mechanismen beschränkt ist, bleibt nur Humor als Quelle der Freude. Ich glaube, dass man viel Humor braucht um unangenehme Dinge zu verarbeiten.

Zur Zeit unserer Ankunft in Deutschland wurde in den Medien viel über Politik und mögliche Koalitionen geredet. Da hatten wir anfangs kaum verstanden worum es ging. Es wurde von Schwarz, Grün, Rot, oder Gelb geredet. Wir hatten keine Vorstellung, was schwarz-gelb wohl heißen könnte, wir bemerkten aber, dass man durch die Politik die Mentalität der Menschen begreifen kann. Der alltägliche Kampf innerhalb und zwischen den Parteien hat uns gezeigt, wie frei die Menschen hier sind.

Was bedeutet aber *Koalition* und wie lange dauert es, bis eine Koalition wirklich eine Koalition ist? Und die verbleibende Zeit, bis die Koalition wirklich streitfrei funktioniert, ist dies die Zeit für eine neue Koalition? Wir hatten den Eindruck, alles drehe sich nur um die Koalition. Und wir hatten den Eindruck, dass auch hier einfach nur viel geredet wird.

Der Ausdruck: *Zu meiner persönlichen Sicherheit fahre ich rechts und wähle links* hatte uns die Tür zum politischen Humor geöffnet. Der Ausdruck stand auf dem Auto unseres Bekannten geschrieben. Da bei uns Linksverkehr ist, und ich in dieser Zeit den Führerschein machte, war es für mich nicht langweilig, das immer wieder zu lesen. Denn man muss bei uns zu seiner persönlichen Sicherheit links fahren. Und in der Politik haben wir bei uns keine solchen Bezeichnungen wie links oder rechts. Immerhin hatten wir etwas Ahnung von Politik, weil die Politik auch bei uns eine wichtige Rolle spielt. Ich hatte mal jemandem in Bochum gesagt, dass ich später als Pfarrer in Bayern arbeiten würde. Der fragte mich sofort, ob er mir einen bayerischen Witz erzählen dürfe. Als ich auf bayerisch »basstscho« sagte, erzählte er gemütlich:

Ein Bauer liegt im Sterben und ruft nach dem Pfarrer um noch einmal zu beichten.

»Herr Pfarrer, ich habe eine große Sünde begangen! Ich bin aus der CSU ausgetreten«

»Ach du liebe Zeit! Wie konnte es denn dazu kommen?«

»Lieber Herr Pfarrer, ich habe noch eine viel größere Sünde begangen!!!«

»Um Gottes Willen, was hast Du denn noch angestellt?«

»Ich bin in die SPD eingetreten.«

»... in drei Gottes Namen! Wie um alles in der Welt konnte es soweit kommen?«

»Ach, Herr Pfarrer, ich habe mir gedacht; wenn schon einer sterben muss, dann doch besser einer von denen.«

Da dachte ich, dass ich in Bayern richtig angekommen sei. Ich erzählte die Geschichte dann in Bayern als etwas Interessantes und Neues. Da wurde mir jedoch mitgeteilt, dass die Geschichte hier sehr bekannt sei. Das hat uns signalisiert, dass es hier eine enge Beziehung zwischen Religion und Politik gibt. Vielleicht wie woanders auch. Als Fremder bewegt man sich da oft im Ungewissen.

Leider macht das Leben hier nicht immer so viel Spaß, wie es den Anschein hat. So hat uns das Phänomen *Stuttgart 21* verdeutlicht, dass es hier in Deutschland auch anders aussehen kann. Die Menschen haben demonstriert. Sie wollten ihre Meinungen äußern. Sie wurden jedoch attackiert und es gab viele Verletzte.

Ein Komiker veranschaulichte dies noch zugespitzt, indem er angebliche Gäste aus dem Iran in Stuttgart begleitete, um ihnen zu zeigen, wie man mit Demonstranten umgehen könne. Der Komiker war also der Meinung, dass der Iran noch von Deutschland lernen könnte, wie man Menschenrechte missachten kann. Natürlich ist das sehr übertrieben. Doch hat es uns deutlich gezeigt, dass hier nicht alles Gold ist, was glänzt. Dass die Würde des Menschen unantastbar ist, ist auch hier manchmal bloße Theorie. Manche machten *Demo* einfach nur um zu demonstrieren. Nicht nur über Politik machten wir uns Gedanken - auch über die Sonne.

Man braucht die Sonne. Sie stärkt, wie das Lachen die Abwehrkräfte. Man hätte sich bei uns nie im Leben darüber Gedanken gemacht, dass die Sonne so wertvoll ist. Sie ist einfach immer da. Wir sind etwas wie die Fische, die auch nicht wissen, wie wertvoll Wasser ist. Wasser ist immer da. Die Welt wäre bei uns untergegangen, wenn die Sonne einen ganzen Monat lang nicht zu sehen wäre. Deshalb waren wir hier sehr schockiert als wir einen ganzen Monat lang die Sonne nicht zu sehen bekamen. Dann wurden aus einem Monat zwei, dann drei. Unser Baby sollte sogar jeden Tag eine Tablette einnehmen, weil ihm die Sonne nicht reichte. Da haben wir dann auf einmal kapiert, warum manche Menschen mehr als 100 km mit dem Auto fahren, um überhaupt irgendwo die Sonne ein paar Stunden genießen zu können. Manche fahren dafür sogar nach Italien.

Dass dies möglich ist, ist heutzutage den Meteorologen zu verdanken. Sie können prognostizieren, wo man die Sonne in einer bestimmten Region länger genießen kann. Denn die Sonne taucht hier manchmal wie ein Streiflicht auf - und ist dann wieder weg! Das hätte man bei uns nicht kapiert.

Bereits in der kaiserlichen Zeit beschäftigten sich die Meteorologen mit der Sonne. Die konnten sogar bestätigen, dass man in Afrika die Sonne die ganze Zeit genießen könne. Na ja, die ganze Zeit war vielleicht übertrieben, aber es war trotzdem eine gute Nachricht, sogar für die Politiker. Natürlich wollten die Politiker etwas anderes machen, taten aber dennoch so, als ob es ihnen wirklich um die Sonne ginge. Der damalige Staatssekretär im Auswärtigen Amt, Bernhard von Bülow stellte 1897 seinen Antrag vor dem Reichstag. Es war leider im Winter. Und vielleicht weil es in diesem Winter saukalt war, lautete der Antrag: »Deutschlands Platz an der Sonne«. Am 6. Dezember 1897 schrieb er: »Wir wollen niemand in den Schatten stellen, aber wir verlangen auch unseren Platz an der Sonne.« So einfach.

Natürlich beantragte er damit die Vorherrschaft des deutschen Staatswesens über Kultur, moralische und religiöse Werte in Afrika.

Aber so eine Bildsprache würde bei uns niemand verstehen, es sei denn, dass man mal den Winter hier richtig miterlebt hat. Gerade im Allgäu! Jemand, der einen Winter im Allgäu erlebt hat, kann sich durchaus vorstellen, warum Bülow die Emotionen des preußischen Parlaments im Winter mit Verlangen nach Sonne erwecken wollte. Damit waren die Emotionen dann richtig geweckt.

Oder wusste er damals schon, dass ein medizinischer Zusammenhang zwischen der Sonneeinstrahlung und Depression besteht? Je mehr Sonnenschein desto weniger Depressionen. Deshalb steigt die Anzahl der Depressionsfälle, je weiter man in Richtung Norden fährt. Und umso glücklicher werden die Menschen, je weiter man in Richtung Süden fährt. So sagt man. Und was man auch feststellt: Die Menschen sind im Winter nicht so gut gelaunt. Ein Fremder sollte auch darauf achten, dass der Umgang mit bestimmten Leuten im Winter anders sein kann als im Sommer. Es ist vermutlich biologisch begründet.

Vielleicht wollte Bülow auch glücklicher sein, leider auf Kosten der anderen. Und auf einmal, nur wegen der Sonne verlief die Geschichte Afrikas anders. Schlimm! Sicherlich war es gut gemeint von den Meteorologen, aber schlecht gemacht von den damaligen Abgeordneten. Gut gemeint ist ja oft das Gegenteil von Gut! Durch dieses Wortspiel erfuhr Afrika später, was wirklich gemeint war. Dadurch haben wir heute ein ganz anders Afrika. Man wird immer getäuscht.

Das ist in der Politik nicht mal besonders schwer. Man muss als Politiker nicht unbedingt was Neues sagen. Es reicht, wenn man den Menschen sagt, was sie hören wollen. Das ist doch das Unglaubliche in der Politik!

Von der Wir-Kultur zur Ich-Kultur

Wenn der Sonnenvogel genauso singt wie die Taube, bekommt er Kopfweh.
Afrika

Wenn man von einer herrschenden *Wir-Kultur* in eine herrschende *Ich-Kultur* kommt, ist man zunächst verwirrt. Ja, verwirrt!

Man fragt sich permanent was nun passt und was nicht. Aufgrund dieser Unsicherheit tasten sich Fremde nur sehr langsam voran. Der Volksmund bei uns sagt dazu: *Wer andere besucht, soll seine Augen öffnen, nicht den Mund.* Also, Mund zu - Augen und Ohren auf! Ist das nicht das Grundprinzip eines Fremden?

Als wir in Deutschland ankamen, wirkten viele Menschen sehr konzentriert und beschäftigt. Auch sehr steif! Uns empfing hier zunächst *Coolness und Distanziertheit* statt *Wärme und Herzlichkeit*!

Die hier vorherrschende *Ich-Kultur* war für uns ein Phänomen. Beim Telefonieren waren wir anfänglich überrascht, dass man sogar bei Bekannten direkt nach der Begrüßung zur Frage kommt: »Was kann ich für dich tun?« Es war dann komisch, wenn wir die Bekannten weiter fragten: »Wie geht es Ihrer Familie?«

Doch! Das darf man den Bekannten schon fragen. Hier beobachteten wir eine Scheidelinie zwischen der Kultur in Afrika und in Europa. In Tansania herrscht das *Wir-Gefühl* und hier das *Ich-Gefühl*.

Nachdem wir einen Bericht eines europäischen Entwicklungshelfers, der in Tansania war, gehört hatten, wurde uns klar, warum wir so verwirrt waren. Aus der *Ich-Kultur* zog er in die *Wir-Kultur*. Wieder eine Überraschung! Ihm ging es genau umgekehrt wie uns. Er war der Einzige im Dorf, der ein Auto besaß. Pech für ihn, denn in einer *Wir-Kultur* muss man sich anders verhalten. Er sollte den Menschen im Dorf stets eine

Mitfahrgelegenheit anbieten. Dort ist das selbstverständlich. In so einer Kultur gehört das Auto in gewisser Weise auch den Mitbewohnern im Dorf. Anfangs hat er das sogar ein paar Monate lang geschafft. Anfangs versucht ja jeder, alles zu schaffen. Er bot den Dorfbewohnern regelmäßig an, sie mitzunehmen. »Der ist wie ein Tansanier«, sagten sich die Dorfbewohner. Doch diese Praxis war höchst aufwändig. Als der so genannte *Entwicklungshelfer* jedoch feststellte, wie kompliziert die ganze Angelegenheit war, ließ er mehrere leere Kartons im Auto liegen. Einfach so. Da konnte er dann sagen, dass das Auto leider besetzt sei. Vielleicht braucht man auch beim Fahren mal seine Ruhe. Wer weiß? So hat er die *Wir-Kultur* in Tansania überlebt.

Ja, die Gemeinschaft fällt den Menschen hier schwer. Man fürchtet sich vor einer Verpflichtung. Uns wurde klar, dass dieser kulturelle Unterschied uns verwirrte. Wir geben uns Mühe, ihn zu verstehen.

Als Fremder hat man hier oft den Eindruck, dass sich jeder um all seine Angelegenheiten alleine sorgt.

Na klar: »Wenn jeder für sich sogt, ist für alle gesorgt.« Na ja! Manche können doch nicht für sich selbst sorgen, denn sie sind zu schwach. Doch die Meisten scheinen auf niemanden angewiesen zu sein. Und selbst wenn es nicht so wäre, wie sollte man als Fremder dies erkennen? Sogar seinen Nachbarn besucht man hier nur, wenn man einen Termin ausgemacht hat. Klar, sonst ist der dann vielleicht nicht da oder mit etwas anderem beschäftigt.

Trotzdem ist es für einen Afrikaner lustig, wenn man versucht, seinen Nachbarn gänzlich ohne Termin zu besuchen. Und wenn man feststellt: Oh! Er ist zu Tisch. Er ist gerade beim Essen. Da muss man dann warten, bis er fertig ist. Der Gast muss warten! Ein guter Nachbar kann dem Gast Saft anbieten, während er sich weiter mit seiner Schweinshaxe beschäftigt. In Tansania wäre es selbstverständlich, dass das Essen für alle da ist. Dort bekämen die Gäste sogar das Beste davon. In anderen Traditionen muss der Gast sogar zuerst essen. In einer *Ich-Kultur* ist das einfach anders. Klar, beim Kochen kann man nicht immer mit Gästen rechnen. Also, beim Essen benötigt man schon eine gewisse Anmeldung. Diese Mentalität besagt auf keinen Fall, dass die Menschen hier nicht großzügig sind. Überhaupt nicht. Es sind einfach unterschiedliche kulturelle Ausprägungen. Später haben wir auch festgestellt, dass man manche Familien auch ohne Termin besuchen und sogar ohne Anmeldung mitessen kann. Das zu hören war eine Erleichterung. Schließlich besagt doch ein Spruch: *Fünf sind geladen, zehn sind gekommen. Gieß Wasser zur Suppe, heiß alle willkommen.*

Wir brauchen uns. Was als Problem in einer *Ich-Kultur* gilt, könnte die Lösung für eine *Wir-Kultur* sein - und umgekehrt. Das ist unser Motto in der Partnerschaftsarbeit geblieben.

Beispielweise gilt es in meiner Heimat als unnatürlich keine Kinder zu haben. Insbesondere unter Frauen wird über derartige Themen gesprochen, da Männer sich angeblich nicht an diese Problematik heranwagen. Hier in Deutschland scheint dies jedoch keine Frage mehr zu sein. Oder doch?

Kinderlose Lehrerinnen und Erzieherinnen können sicherlich von Situationen berichten, bei denen sie von Eltern regelrecht beleidigt werden: »Du hättest das Problem meines Kindes besser verstanden, wenn du selber Kinder hättest.« So eine Beleidigung!

Oder ganz neutral wie einer sagte: »Keine Panik, liebe Babynahrungs-Hersteller: Selbst wenn in Deutschland immer weniger Kinder geboren werden, essen dafür die Alten jetzt aus dem Gläschen.« Na ja!

Vielleicht könnten wir auch hier die Erfahrungen austauschen. Nachfolgende Geschichte wird in Tansania oft unterschiedlich erzählt:

Eine junge Frau hatte keine Kinder. Darüber war sie sehr betrübt. Sie wussten genau, dass die Nachbarinnen über sie redeten. Das Ansehen der kinderlosen Frau im Dorf wurde immer geringer. Als der soziale Druck stärker wurde, entschloss sie sich schließlich, in den Wald zu gehen und sich dort zu erhängen. Für sie war es besser zu sterben, als mit diesem Druck zu leben. Während der Suche nach dem richtigen Baum sah sie eine ältere Frau, die wohl auch einen passenden Baum suchte. »Wahrscheinlich hat sie auch keine Kinder«, dachte die junge Frau. Beide hatten ihre Stricke dabei.

Die junge Frau war neugierig und fragte: »Was machen Sie hier?«

Die ältere antwortete: »Lieber sterbe ich, als mir noch länger den Stress mit meinen Kindern anzutun.«

Die junge Frau war erstaunt: »Sie wollen sich wegen ihren Kindern erhängen?«

»Ja!«, antwortete die ältere Frau.

Die junge konnte das kaum glauben. Sie erklärte der älteren, dass sie sich erhängen wollte, weil sie keine Kinder habe. Schließlich legten die beiden Frauen ihre Stricke beiseite und begannen zu diskutieren. Die ältere Frau war schockiert, dass die junge Frau sich erhängen wollte, weil sie keine Kinder besaß, und die junge Frau war genauso schockiert, dass die ältere Frau sich wegen ihrer Kinder erhängen wollte. Sie setzen sich auf den Waldboden und redeten lange miteinander. Am Ende sind beide Frauen mit ihren Stricken nach Hause gegangen, ohne sich zu erhängen.

Diese Geschichte erzählt von gegenseitiger Bereicherung und von der Tatsache, dass wir aufeinander angewiesen sind. Das Trübsal der einen war für die andere ein Trost. Aber die Geschichte sagt auch, dass man seine Probleme ausdrücken soll. Rede einfach. Sag es doch! Natürlich muss man wissen, mit wem man reden kann und über die richtige Sache sprechen. So wäre es sehr schade gewesen, wenn die zwei Frauen drei Stunden lang darüber geredet hätten, wie sie sich am Besten erhängen könnten. Oder besprochen hätten, ob sie schöne Testamente geschrieben haben oder ob ihre Stricke den afrikanischen Standards entsprechen.

Auffällig war für uns auch die Beerdigung in der Anonymität der Stadt. Zu einer Beerdigung kommt in Deutschland meistens nur die Familie der

Verstorbenen. So ist die Stadt. Hier warten die Menschen manchmal sogar auf eine Einladungskarte. Bei uns in Tansania ist die Beerdigung eine Dorfsache – eine Gemeindesache. Leider weiß ich nicht, ob es in den Städten in Tansania anders ist, da ich auf dem Land aufgewaschen bin. Doch diese erlebte Anonymität bei Beerdigungen war nicht das Ende der Überraschungen, die ich hier erlebte. Es kommt noch mehr:

Als ich anfangs mit einem Pfarrerkollegen bei einer Beerdigung war, wurde am Ende geschimpft, warum ich dabei sei! Der Kollege hatte vergessen mich den Trauernden vorzustellen. Doch! Eine Vorstellung ist nötig. Ich war also eine unangenehme Überraschung und der Kollege musste sich anschließend entschuldigen und erklären, dass ich auch Pfarrer sei. So konnten die Wogen der Erregung einigermaßen geglättet werden, doch das Kind war leider schon in den Brunnen gefallen. Als ich einmal von dieser Erfahrung erzählte, wurde mir erklärt, dass es nicht überall so sei: »Auf dem Dorf ist es nicht so extrem. Beerdigungen sind dort nicht nur eine Familienangelegenheit, sondern Sache des ganzen Dorfes. Es ist egal, ob der Verstorbene Nachbar war oder nicht. Wenn man ihn gekannt hat, nimmt man von ihm Abschied. Das ist anders als in der Stadt, wo Gemeinschaft und gegenseitige Wertschätzung durch zunehmende Anonymität und Säkularisation bedroht werden. Noch gefährlicher ist ja die zunehmende Selbstverständlichkeit. Man hinterfragt nicht mehr.«

Vielleicht geht es hier um eine ganz andere Art von Gemeinschaft. Es handelt sich um eine institutionalisierte Gemeinschaft. Es ist eine Gemeinschaft der Anonymität. Eine Gemeinschaft, wie ich sie aus Tansania gewohnt war - von Antlitz zu Antlitz - ist hier nicht häufig zu beobachten. Sogar die Armen werden von Institutionen wie der *Sozialhilfe* oder *Tafel* versorgt. Soziale Probleme werden durch Versicherungen gemindert. Alles ist dem Staat überlassen. Der Staat heißt ja sogar Sozialstaat. Man glaubt, dass niemand besser für einen sorgen könne als der Staat. Vielmehr wirkt es sogar so, als werde mit allen Mitteln versucht zu verhindern, dass Menschen miteinander in Berührung kommen. Diese Tendenz scheint noch weiter zuzunehmen, so dass man derartiges auch bei verschiedenen sozialen Veranstaltungen beobachten kann.

Der nigerianische Volksmund in der Haussasprache sagt: *Gemeinschaft ist in den Füßen.* Natürlich erleichtern Telefon und E-Mails unsere tägliche Kommunikation. Das schon. Beieinander zu sein ist aber was ganz anderes. So ist es.

In Sitzungen wird dies noch deutlicher. Fast alle Teilnehmer öffnen heutzutage ihr Notebook während der Sitzung. Noch geschickter, kurz vor der Sitzung! Hier treffen sich die Menschen - physisch. Doch trennen sie sich bereits vor der Veranstaltung auf geistiger Ebene. Jeder schaut in seinen Laptop. In so einer Situation kann der Sprecher noch nicht einmal bemerken, dass er langweilig ist. Er redet dann und redet. Auch Emotionen, die vielleicht für den Prozess der Entscheidungsfindung wichtig wären, können nicht wahrgenommen werden. Obwohl manche Teilnehmer weit fahren müssen, um bei so einer Sitzung zu erscheinen, isolieren sie sich. Noch spannender wird es jedoch, wenn man sofort nach einer solchen Sitzung seine E-Mails öffnet. Sie haben Post:

Zahlreiche E-Mails von den Mitgliedern der gerade beendeten Sitzung! Das bedeutet im Klartext: Diese Teilnehmer waren an der Sitzung nicht wirklich dabei. Man will ja zwei Dinge auf einmal erledigen. Diese Art von Kultur, damit mussten wir anfangs auch fertig werden.

Vorsicht!
Es gibt viele Tabus in Deutschland

Ein Verliebter betrachtet eine Blume mit anderen Augen als ein Kamel.
Ägypten

Über fünf Dinge redet man nicht in Deutschland: Politik, Beziehung, Gehalt, Glaube und Rassismus. So wurde uns einmal grob gesagt. Man darf nicht einfach fragen: »Wählst du eigentlich CSU oder SPD?« Nein! So etwas fragt man nicht. Eine derartige Frage ließe jedes Gespräch im Keim ersticken. Damit mussten wir leben, auch wenn wir hierfür nie eine richtige Erklärung bekamen. Wir mussten das schlucken, genauso, wie es angeblich die Einheimischen schlucken.

Über Beziehungen bekamen wir noch einen zusätzlichen Tipp in Hinblick auf Tabus für Mädchen: »Zunge rausstrecken darf man nicht, denn das heißt: *Ich liebe dich!*« Ein Junge sagt also: »Ich liebe dich!« und das Mädchen streckt als Erwiderung die Zunge raus. Na ja! Vielleicht ist das doch zu jugendlich gedacht.

Über Geld hätte ich sowieso nicht viel gesprochen, denn bei uns macht man das, soviel ich weiß genauso wenig. Allerdings bekam ich später doch Mitleid, wenn ich an meine deutschen Kollegen, die in den Gemeinden in Tansania tätig sind, dachte. Denn dort muss man als Pfarrer über Geld und Spenden rund um die Uhr sprechen. Anders geht es dort nicht, da unsere Kirche kein Kirchensteuersystem hat. Die Kirche wird dort komplett durch Spenden finanziert. Das bedeutet, je aktiver der Pfarrer oder die Pfarrerin bei uns ist, umso mehr wird kassiert. Dennoch sind in Tansania manche Kirchen finanziell relativ stabil.

Hier in Deutschland reden Pfarrer und Pfarrerinnen dagegen nur sehr vorsichtig über Spenden und Kollekten. Das Thema ist vielen ein wenig unangenehm. Leider sind dementsprechend auch die Kirchenbesucher in Hinblick auf ihr Geld sehr vorsichtig und zurückhaltend. Vermutlich meinen einige: »Die wollen eh wieder nur mein Geld!« So eine kalte Atmosphäre! In manchen Kirchen in Tansania (insbesondere in den Pfingstkirchen) fragt der Pfarrer sogar, wie viel man verdient. Hier käme es bei einer derartigen Praxis zu einem empörten Aufschrei - »Um Himmels Willen!«

Mit dem zehnten Teil kann der Pfarrer in Tansania rechnen, denn der ist für die Arbeit Gottes. So wird es bei uns gelehrt.

Erschrocken war ich jedoch, als ich hörte, dass man hier über seinen Glauben schweigt, beziehungsweise, wie oft diplomatisch gesagt wird, nur zurückhaltend über ihn spricht. Als unglaublich empfand ich Berichte über gewisse Studien, die besagen, dass man hier mehr über Sex redet als über seinen Glauben! »Das stimmt überhaupt nicht«, habe ich mir oft gesagt. Ich war richtig betroffen. Als Pfarrer brachten mich derartige Meldungen zum Nachdenken, denn wenn mehr über Sex als über den Glauben gesprochen wird, geht die Kirche sehr bald zu Grunde. Im Vergleich zu hier möchten die Christen in Tansania, dass ihr Glauben wahrgenommen wird. Sie teilen ihre Erfahrungen im Glauben. Unser Herr Jesus Christus sagte den Jüngern ja auch: »Ihr seid das Licht, das die Welt erhellt. Eine Stadt, die hoch auf dem Berg liegt, kann nicht verborgen bleiben. Man zündet ja auch keine Öllampe an und stellt sie unter einen Eimer. Im Gegenteil: Man stellt sie so auf, dass sie allen im Haus Licht gibt. Genauso soll euer Licht vor allen Menschen leuchten. Sie werden eure guten Taten sehen und euren Vater im Himmel dafür loben.« (Matth. 5,14-16)

Hier könnten wiederum die deutschen Kollegen in Tansania mit mir Mitleid haben. Während sie sich in Tansania angewöhnen müssen über Geld zu sprechen muss ich darum kämpfen nicht über meinen Glauben zu schweigen. Manche Kollegen reden aber doch über ihren Glauben - und wenn sie das tun, ist das sehr eindrucksvoll und überzeugend. Vielleicht ist auch das Wort *Missionieren* wie ein Bann. Ein Bann, der die Menschen daran hindert über ihre Erfahrungen im Glauben zu sprechen. Man redet kaum über seinen Glauben und manche Getauften wollen oder können sich nicht einmal mehr mit dem Christentum identifizieren. Schon der Austausch über ihre spirituellen Erfahrungen empfänden sie vermutlich als eine Form des Missionierens. Besonders schlimm ist es, wenn manche Eltern ihren Kindern nichts mehr über ihren Glauben erzählen. Sie warten, bis die Kinder groß sind und leben dabei in der Hoffnung, dass ihre Kinder später selbst die richtige Entscheidung treffen können.

Ist eine derartige Vorstellung jedoch nicht lächerlich? Es ist gerade so, als wolle jemand nicht eher ins Schwimmbad gehen, ehe er zuhause das Schwimmen gelernt hat. Na ja! Manche sagen, sie wollen zumindest vorher zuhause mit Wasser in Berührung kommen. Ja, die gibt es auch! Vielleicht kann ich das Gemeinte an folgendem Beispiel verdeutlichen: Eine deutsche Familie adoptierte ein chinesisches Baby. Wäre es nun logisch, wenn sie einen chinesischen Sprachkurs machen würden, damit sie sich später mit dem Kind unterhalten können? Nein! Das Kind spricht später schließlich Deutsch. Denn sowohl die Adoptiveltern als auch die anderen Menschen darum herum sprechen Deutsch. Trotzdem besuchten die Eltern einen Intensiv-Chinesischkurs, da sie hofften dem Kind dadurch später bei den Hausaufgaben helfen zu können. War das wirklich nötig?

Es ist nicht so witzig, wie es hier zunächst aussehen mag. Beispielsweise konnte eine Frau nicht glauben, dass ihre drei Töchter als sie groß waren nicht mehr getauft werden wollten. Nein! Die wollten das nicht. Eine sagte sogar: »Ich bin meinen Eltern sehr dankbar dafür, dass ich nicht getauft bin.«

Wie fremd klang das für mich! Sicherlich hatte die Tochter teilweise sogar Recht, denn sie wusste es nicht besser. Sie fragte noch: »Taufe und dann?«

Daraufhin wollte die Mutter ihren zehnjährigen Sohn rasch taufen lassen, damit es bei ihm anders werde als bei ihren Töchtern. Leicht war jedoch auch das nicht mehr. Sicherlich klingt es irgendwie logisch, dass Kinder selbst die Entscheidung treffen sollen, ob sie getauft werden wollen oder nicht. Nur entwickelt es sich meist nicht so, wie die Eltern es häufig erwarten, so dass die Eltern schließlich mit den Entscheidungen ihrer Kinder leben müssen. Vielleicht funktionieren auch Angelegenheiten des Glaubens einfach anders.

Natürlich sollten Kinder bestimmte Sachen selbstständig regeln können. Das ist doch klar. Dennoch sollten wir uns vor Augen halten, dass Kinder eben in erster Linie Kinder sind und sie die Rolle des Kindes auch erleben lassen. Sie müssen und können noch nicht erwachsen sein.

Kinder brauchen Wegweiser - auch im Glauben. Kinder glauben ja alles und schnell. So ist es. Man muss den Glauben gemeinsam mit den Eltern üben, einüben und ausüben. Bei der Taufe nimmt Gott unsere Kinder doch an. Sie wachsen in den Händen Gottes genauso wie in den Händen der Eltern. Oder stimmt etwa doch die alltägliche Erfahrung eines fünffachen Vaters: »Erziehung ist nutzlos, die Kinder machen uns sowieso alles nach.«

Kinder werden also irgendwann im Gottesdienst getauft und kommen nach so etwa zwölf Jahren wieder, wenn sie im Konfirmationsgottesdienst vorgestellt werden. Hier wissen die armen orientierungslosen Kinder dann nicht, wie sie sich im Gottesdienst richtig zu verhalten haben, da sie meist seit ihrer Taufe ja nicht mehr im Gottesdienst waren. Zum Konfirmationsunterricht gehört es auch, dass die Konfirmanden regelmäßig den Gottesdienst besuchen müssen. Es gibt sogar Anwesenheitskontrollen durch den Pfarrer. Es ist auch geregelt, wie oft sie während der Konfirmandenzeit die Kirche besuchen müssen - hierfür gibt es Punkte. Hat man eine bestimmte Anzahl an Punkten erreicht, gibt es keinen Ärger. Wie oft der Konfirmand den Gottesdienst besuchen muss, damit das Pfarramt zufrieden ist, unterscheidet sich angeblich von Gemeinde zu Gemeinde oder von Kirche zu Kirche. Mit diesen Punkten beginnt dann auch die Verabschiedung mancher Konfirmanden von der Kirche.

Diejenigen, die ihre Punkte bereits innerhalb der ersten Hälfte der Zeit gesammelt haben, sind nicht mehr dazu verpflichtet den Gottesdienst zu besuchen. In vielen Gemeinden fängt der Konfirmationsunterricht normalerweise im September an und geht bis Mai oder Juni. Kurz vor Weihnachten hatte einmal ein Mädchen den Pfarrer gefragt: »Was - es dauert noch bis Juni? Aber Herr Pfarrer, ich habe doch schon alle meine Punkte für den Gottesdienst gesammelt!« Der Pfarrer war zunächst sprachlos.

Vielleicht hatte die Konfirmandin gemeint: »Ich habe meinen Abschluss beim Gottesdienst bereits so früh gemacht – ich war doch fleißig - was wollt ihr denn noch?« Möglicherweise wäre es dann noch schlimmer, wenn die Konfirmanden nicht kontrolliert worden wären. Es ist anzunehmen, dass viele, wenn es keine Trauungen oder Patenschaften geben würde, den Gottesdienst erst wieder bei ihrer eigenen Beerdigung besuchten!

Natürlich ist die Gesellschaft hier anders konstruiert als in Tansania. Die Denk- und Verhaltensmuster sind anders. Fragen des Glaubens werden oft als eine private Angelegenheit dargestellt, auch wenn dies früher angeblich nicht so war. Als ich einmal versucht hatte, zu fragen, warum man sich in Angelegenheiten des Glaubens so zurückhält, bekam ich als Antwort einen alten Witz erzählt:

Als Jesus durch das Heilige Land zog, heilte er viele Kranke. So robbte sich ein Samariter, auf die Hände gestützt, an ihn heran und Jesus fragte: »Was kann ich dir tun?«
Der Samariter antwortet: »Ach Herr, ich möchte wieder gehen.«
Jesus: »Steh auf, dein Glaube hat dir geholfen.« Sogleich stand der Samariter auf, freute sich und lief davon.
Ein Galiläer stand vor Jesus, über und über bedeckt mit Aussatz. Jesus sagte zu ihm: »Dein Glaube hat dir geholfen, werde rein«– und der Aussatz fiel von ihm ab.
Hinter ihm stand ein Deutscher, hustend, keuchend, schniefend. Jesus trat auf ihn zu.
Da rief der Deutsche: »Bleib bloß weg von mir, ich bin noch drei Wochen krankgeschrieben!«

Vielleicht war das ein bisschen übertrieben. Es war mir klar, dass diese Worte weder von Jesus noch von einem Deutschen je so gesagt wurden. Es ist ja ein Witz. Der Witz sagt aber schon viel über die Situation hier in Bezug auf die deutsche Mentalität:

Meine Frau und ich haben später erfahren, dass manche Angestellten durch Kameras überwacht werden. Das war für uns schon krass. Die Beschäftigten müssen jede Minute arbeiten, da ist es doch nur verständlich, dass man jede freie Minute ausnutzen möchte.

Hier musste ich dann doch die am Menschen orientierte Brille abnehmen und die am Gewinn orientierte Brille aufsetzen. Mit dieser neuen Brille ward mir klar: Der Mensch ist Mittel zum Zweck.

Vielleicht verzichtete dieser Mann deshalb auf die schnelle Heilung, da diese bereits am kommenden Tag zu solch schlechten Arbeitsbedingungen führen würde. Anders gesehen bedeutete dies, dass einerseits Arbeitslose darum kämpfen, wieder erwerbstätig zu sein, während andere aufgrund schlechter Arbeitsbedingungen auf ihre Arbeit verzichten wollen. Was für ein sozialer und politischer Konflikt! Eine derartige Mentalität ist für jemanden, der fremd ist, schwer zu verstehen. Es bleibt verwirrend.

Andererseits könnte man den Witz auch in Bezug auf den Glauben hin interpretieren, denn vielleicht glaubt der Mann ja auch gar nicht, dass Jesus so einfach heilen kann - ohne die sonst üblichen Verfahren. Seiner Vorstellung nach soll die Heilung angeblich nach drei Wochen erfolgen, wie es der Arzt vorgesehen hatte. Er erwartete keine Wunderheilung, denn schließlich bezahlte er als Angestellter regelmäßig seine Krankenversicherung. Wofür täte er dies, wenn er hier so billig geheilt werden könnte? Es handelt sich hier um die Institutionalisierung der Heilung - Arzt, Diagnose, Medikament, Krankenkasse, Krankenhaus und dann erst die Heilung. So versteht man das. Hier glaubt man manchmal nur, was man schon weiß. Hier findet sich kein Platz für den Glauben.

Aber das Leben ist doch langweilig, wenn es keinen Raum für Wunder gibt. Ja! Ein Raum für das Unerwartete aber auch für das Unerwünschte! »Wunder stehen nicht im Gegensatz zur Natur, sondern nur im Gegensatz zu dem, was wir über die Natur wissen«, so schreibt es der Heilige Augustinus. Die Welt ist für viele nur das, was sie wissen und sehen. Der Volksmund bei uns sagt: *Das Herz sieht weiter als die Augen.*

Natürlich deckt ein derartiges Denkmuster nicht die gängigen Vorstellungen über Heilung. Aber stellten Sie sich doch einmal Jesus Christus in unserer heutigen institutionalisierten Welt der Heilung vor. Oder noch besser, überlegen Sie sich einmal, welche Position Jesus heute in unserer Kirche einnehmen würde! Also, Jesus ohne kirchliches Staatsexamen! Vielleicht wäre er in der Prüfung sogar durchgefallen, außer natürlich, er hätte sich vorher namentlich vorgestellt. Er hätte sein Ziel wahrscheinlich höchstens in den Pfingstkirchen erreichen können. Natürlich glaube ich nicht, dass Staatsexamen falsch sind. Überhaupt nicht! Die Examen sind aber meiner Meinung nach nicht das Entscheidende. Viele Pfarrer haben sich ja bis heute nicht von ihrer Angst vor dem Staatexamen erholt. Einige zittern noch heute allein beim Gedanken daran.

Vielleicht sagt die Geschichte uns auch noch etwas anderes, nämlich dass man hier sehr viel Wert auf die Gesundheit legt. Insofern hat der Arzt hier in der Gesellschaft einen anderen Stellenwert als bei uns. Als neuer und afrikanischer Pfarrer war das damals eine durchaus wichtige Botschaft. Es war eine Art Signal, durch das ich die hiesige Bedeutung von Herr Pfarrer und Herr Doktor richtig verstehen lernen sollte. Zu einem Herrn Doktor gehen fast alle. Man respektiert hier, was der Arzt sagt und verschreibt. Manchmal vergisst man dabei, dass Ärzte nur behandeln und Gott selbst heilt. Denn könnten die Ärzte heilen, gäbe es in modernen Krankenhäusern keine Leichenhalle.

Deutlich zeigt sich, dass sich manchmal die Religiosität der Menschen in Empirismus verkehrt. Man will verstehen, was man glaubt. Man möchte alles erklären und begründen können. Möchte man dies jedoch nicht, dann wird man als rückständig angesehen, als jemand, der im Mittelalter stecken geblieben ist. Sicherlich sind die Gründe hierfür in der Aufklärung zu suchen. Aber unser Glaube ist doch ein Geschenk Gottes!

Ein Witz soll dies verdeutlichen:

> *Als ein Kind einmal gefragt wurde, ob es ein Tischgebet sprechen würde, reagierte es heftig: »Aber meine Mama kocht sehr gut«.*

Das Kind hat damit gemeint, dass es nicht notwendig ist zu beten, da das Essen durchaus genießbar sei. Daran, dass man auch aus Dankbarkeit beten könnte, hat es nicht gedacht. Gott hat nicht nur eine Bedeutung für uns, wenn es uns schlecht geht, nur vergessen wir allzu leicht dankbar zu sein für das, was er uns an Reichtum geschenkt hat.

Für einen Fremden ist es sehr schwierig, all diese religiösen Denkrichtungen und Zusammenhänge, die sich einem hier auftun richtig einzuordnen, obwohl sie natürlich auch eine Grundlage dafür sind, die Mentalität hier kennen zu lernen. Manchmal wird die Tabuisierung der religiösen Identität auch mit der Geschichte im dritten Reich erklärt. Man ist sich offensichtlich nicht sicher, ob es gut gemeint ist, wenn man nach seiner religiösen Identität gefragt wird. Man hinterfragt zunächst die Beweggründe, die dazu führten, dass nach dem persönlichen Glauben gefragt wird. Vielleicht ist es in diesem Hinblick naiv gedacht, wenn sich manche aufgrund der Kirchensteuer (etwa 2% des Gehalts bzw. 8% der Lohnsteuer) nicht mit der Kirche identifizieren wollen. Denn das ist wiederum ein grundlegender Gedankenkonflikt. Manche vertreten aus gutem Grund die These, dass der christliche Glaube mit Demokratie und politischer Freiheit verbunden sei, bis hin zu dem Spitzensatz: »Keine Kirche - keine Demokratie.« Mmhh! Doch! Das stimmt vielleicht schon, auch wenn der christliche Glaube mehr bedeutet als die Institution Kirche und diese wiederum mehr als das Pfarramt.

Die Tabuisierung dieser gesellschaftlichen Phänomene bezieht sich auch auf den Begriff *Rassismus*. Der Begriff selbst scheint sehr heftig und belastet. Ein Versuch Rassismus als Problematik direkt in der heutigen Gesellschaft zu thematisieren, erweist sich als äußerst heikel, wobei das akademische Milieu hierüber noch eher diskutiert, wenn auch mit gewisser Hemmschwelle. Den Begriff *Rasse* gibt es ja heutzutage nicht mehr. »Rasse existiert nicht, doch sie tötet Menschen«, so schreibt Colette Guillaumin im Jahr 1995 - etwa 50 Jahre nach der offiziellen Abschaffung der Rassenideologie in Deutschland.

Trotz dieser theoretischen Diskussionen wird man als Afrikaner in Deutschland regelmäßig gefragt: »Und wo kommst du denn eigentlich her?« Oder: »Wie lange bist du schon in Deutschland?« Und: »Wann wirst du denn zurück nach Afrika gehen?«

Das ist für den Fremden schon: *Aua-aua-aua!*

Für mich und unsere Familie ist das nicht ganz so schmerzhaft, da viele wissen, dass wir irgendwann nach Tansania zurückfliegen. Wir sagen das ja auch ganz offen. Manche fragen uns derartiges, um sich zu vergewissern, wann wir zurückfliegen. Dies ist vermutlich überhaupt nicht negativ gemeint! Einer unserer Bekannten - ein Deutscher mit afrikanischem Migrationshintergrund wird allerdings bedauerlicherweise das Gleiche gefragt: »Und wann wirst du denn zurück nach Afrika gehen?« Natürlich scheinen solche Fragen auf den ersten Blick sehr höflich gestellt zu sein. Dennoch ist klar, dass man eine derartige Frage einem *Weißen* nicht stellen würde. Oder ist das eine statistische Frage? Vielleicht denkt der Fragesteller ja, dass es hier überwiegend Weiße gibt, und jemand anders dann fremd sein muss.

Schließlich war hier einmal selbstverständlich: »Deutsche sind weiß, *N...* können keine Deutschen sein.« Dies ist doch noch gar nicht so lange her, oder? Aber auch Weiße werden mit derartigen Fragen bombardiert - etwa wenn sie einen unerwarteten Dialekt sprechen, keine Deutschen sind oder nicht weiß genug. Doch! Manche sind angeblich nicht weiß genug! Es ist einfach lächerlich.

Einmal wurde gefragt, ob die Ruhrpolen (Polen, die im Ruhrgebiet arbeiteten) richtig weiß waren. Man behandelte sie wie die Schwarzen. Na ja! Das war vor und in der NS-Ära.

Wir haben, glaube ich, alle schon mal gehört, dass die Iren in Amerika nicht richtig weiß waren. Sie haben für ihr *Weißsein* gekämpft und gekämpft und es schließlich auch geschafft. Waren sie dann zuvor tatsächlich schwarz?

Folgt man diesen Denkrichtungen wird deutlich:

Menschen, die wir heute als Weiße bezeichnen, galten in früheren Zeiten nicht unbedingt als Weiße. Doch diese Überlegungen weiter auszuführen, würde den Umfang dieses Buches vermutlich sprengen, schließlich ist unser eigentliches Thema das der Tabus hier in Deutschland. Es reicht sich zu vergegenwärtigen, dass die Dinge nicht immer so einfach sind, wie man zunächst denkt und sich generell sagt: »Das ist doch kein Rassismus!«

Die Wissenschaflterin Anita Kalpaka glaubt, dass man den Einfluss von Rassismus nicht vermeiden kann. Das mag schmerzhaft sein. Aber diese Erkenntnis »öffnet Chancen für veränderndes Handeln.« So lehrt sie! Täter und Opfer von Rassismus machen unterschiedliche Erfahrungen. Der eine ist nicht verpflichtet, die Erfahrungen des anderen zu verstehen. Nein! Nur wenn man will. Eine Auseinandersetzung mit dem Thema *Rassismus* scheint für die Täter freiwillig zu sein, für die Opfer jedoch ist es verpflichtend. Denn sie müssen sich wehren. Rassismus kann von Abstammung nicht getrennt werden. So war es in der Vergangenheit und so ist es auch heute.

Man muss also nicht wie die Afrikaner gefragt werden: »Wann kehrst du denn zurück nach Afrika?«

Nein! Die Fragen werden anders gestellt.

Es wird klüger, hintergründiger gefragt, wie Santina Battaglia mit folgendem Dialog verdeutlicht:

»Woher kommst Du?«

»Aus Essen.«

»Aber Deine Eltern?«

»Meine Mutter kommt auch aus Essen.«

»Aber Dein Vater?«- »Mein Vater ist Italiener.«

»Aha ....«

Also, dieses *Aha* gilt hier als Geheimtipp, dass sich die Gesellschaft nicht wirklich von seiner Geschichte erholt hat. Doch wie soll sich die Gesellschaft denn auch von seiner Geschichte erholen, wenn das Thema *Rassismus* ein Tabu bleibt? Lieber in Fettnäpfchen treten als unsicher bleiben.

In Tansania habe ich übrigens auch erfahren, dass einige *Weiße* auf diese Art und Weise behandelt werden. Wenn sie sich in einem Land aufhalten, in dem sie aufgrund ihres Äußeren sogleich als *Fremde* identifiziert werden. Dort auch! Sie heißen bei uns sogar *Mzungu* - ein Weißer! Woanders heißen sie *Mehlwurm*, *Weißbro*t usw. Hauptsache, ein Schimpfwort! *Mzungu* kann positiv, negativ oder gar rassistisch gemeint sein. Das nervt die Weißen in Ostafrika dann sehr. Manche sagen: »Das ist doch auch Rassismus ... Sie haben mich nicht nur komisch angeguckt, sondern auch angefasst.«

Klar ist aber: Der Begriff *Mzungu* ist nicht unbedingt negativ oder rassistisch besetzt. Er kann auch positiv gemeint sein, auch wenn es nervt. Vielleicht bin ich als Schwarzer für manche nicht der Richtige, eine derartige Beurteilung durchzuführen. Möglicherweise bräuchten wir die Erfahrungen eines Weißen mit dem Begriff.

Die Dominierenden haben nichts zu verlieren. Deshalb haben sie kein Interesse an der Thematik und wollen ihren Täterstatus nicht anerkennen. In der Politikwissenschaft werden diese angeblichen negativen Aussagen von Schwarzen gegen Weiße nicht als Rassismus bezeichnet, aber als Diskriminierung! Natürlich darf man fragen: Was ist eigentlich *Politikwissenschaft*? Schon klar. Dennoch verwehren Ausdrücke wie *Du Mzungu!*

niemandem den Zugang zu Ressourcen, während Formulierungen wie *Du Schwarzer!* dies sehr wohl vermögen.

Eske Wollrad lehrt: »Von Rassismus kann nur dann gesprochen werden, wenn die Gruppe, die andere als Rasse konstruiert und bewertet, auch Macht hat, diese Konstruktion gesellschaftlich durchzusetzen.«

Wenn es um Rassismus geht, geht es ja auch nicht um die Farbe der Haut, wie oft angenommen wird, sondern um eine Begrenzung des Zugangs zu Ressourcen. Nur das! Es geht um Ausbeutung! Deshalb waren die Ruhrpolen oder die Iren einst nicht weiß genug, während ein Experte oder Nobel-Preis-Träger aus Afrika plötzlich durchaus weiß sein kann. Ja, Unsere zwei Söhne sind im Kindergarten niemals schwarz geworden. Der Große fängt nun in der Schule gerade an, braun zu sein. Ich weiß, dass er bald schwarz wird, vielleicht schon vor seinem Eintritt ins Gymnasium ... Bis dahin sind wir aber zurück in Tansania. Gott sei Dank - wem denn sonst!

Ist das im Grunde aber nicht lächerlich? Oder dann kompliziert? Um die Komplikationen zu vermeiden, man will schließlich nicht auf andere rassistisch wirken, umgeht man das Thema. Es bleibt Tabuthema! Die Meidung dieses Themas besagt aber nicht, dass man Rassismus hier nicht erlebt. In der Praxis erlebt man ihn durchaus. Allerdings wird dieses Phänomen im Alltag anders benannt. Das ist das Unglaubliche dabei. In der Politikwissenschaft hat man festgestellt, dass Rassismus viele Namen kennt. So firmiert er hier unter dem Begriff *Ausländerfeindlichkeit*, dort unter *Fremdenfeindlichkeit* und wieder woanders unter einem ganz anderem Namen ...

Besonders bei gewissen Sozialwissenschaftlern ist etwa der Begriff *abendländische Kultur* beliebt. »Das ist doch europäisch«, wird dann gerne gesagt, da man sie hiermit nicht mit Rassismus in Verbindung bringen kann. Als Asiate bist du dann aber schon raus. Klug gemacht! Das Phänomen wurde deutlich im DGB-Baustein zur nicht-rassistischen Bildungsarbeit sensibilisiert: »An die Stelle des tabuisierten Begriffs *Rasse* trat nach 1945 häufig der Begriff *Kultur*. *Kultur* wird dabei oft als ebenso festlegend für individuelle Eigenschaften betrachtet wie ehemals *Rasse* und Unterschiede zwischen *Kulturen*.«

Wenn man sich zusätzlich noch etwas gebildet fühlt, spricht man einfach von *Rechtsextremismus*. Das klingt noch eleganter, auch wenn hierbei ein semantischer Paradigmenwechsel der Begrifflichkeit stattfindet.

Die Entstehung anderer Begriffe verdeutlicht das Ziel: Rassismus will sich unsichtbar machen. Hauptsache ist letztendlich doch: Sie wirkt zu Gunsten ihres Herren: »ExpertInnen kommen aus dem Norden - MigrantInnen kommen aus dem Süden!« Obwohl Einheimische Fragen über die Abstammung an den offensichtlich Fremden stellen, scheinen solche Fragen untereinander doch von manchen als tabuisiert empfunden zu werden. Gegenseitig fragt sich derartiges nicht so leicht, vielleicht nicht nur weil sie sich als Einheimische wahrnehmen, sondern weil sie sich selbst durchaus auch als Fremde verstehen. Statistiken zeigen deutlich, dass sich die deutsche Gesellschaft mehr und mehr internationalisiert. Jeder fünfte Deutsche hat heutzutage einen Migrationshintergrund. Natürlich fragen sich durchaus einzelne untereinander: »Wo kommst Du (in Deutschland) her?« Meist werden diese Fragen aber doch sehr vorsichtig gestellt. Oder ist das nicht doch sehr menschlich? Dass manche MigrantInnen, die hier schon längst etabliert sind, neu ankommende MigrantInnen als Fremde sehen? Das wäre dann aber wirklich lächerlich!

Noch heute gibt es im ganz gewöhnlichen Alltag rassistische Ausdrücke, wie z. B. das Kinderlied *Zehn kleine Negerlein* oder Bezeichnungen wie *du Farbiger* oder *du Schwarzer*. In der Politikwissenschaft ist die Liste von rassistischen Ausdrücken noch länger:

Stamm – Volk; Eingeborene – Einheimische; Häuptling – Anführer; Hütte – Haus; Busch – Regenwald, Dialekt – Sprache; Entwicklungspolitik – Außerpolitik; Entwicklungsländer, Trikont-Länder, und Drittländer – Länder, die aus der euro-

päischen Sicht zu entwickeln sind; Afrika – ein schönes Land; Mohr - Beschreibung der Menschen südlicher Sahara – Trennung von schwarzen Afrika und weißem Afrika usw.

Diese Hierarchisierung anderen Völkern passiert sprachlich, auch wenn man diese Ausdrücke manchmal nicht direkt mit Rassismus in Verbindung bringen würde. Karl Marx sagte ja auch: »Die Sprache ist die Wirklichkeit des Gedankens.« Rassismus geschieht manchmal nicht nur unbewusst, sondern durchaus auch aus Ignoranz. Denn auch Rassismus aus Bequemlichkeit und Desinteresse heraus ist Rassismus.

Natürlich gibt es mehr Tabus als ich hier schildere. Wichtig ist jedoch, dass diese Tabuthemen oft zu Wort kommen.

Auch wenn die Thematik des Rassismus schwer verdaubar ist, so lässt sie sich doch schön durch die Weisheit eines Gurus illustrieren:

> *Ein Guru fragte seine Schüler, wie sie das Ende der Nacht vom Beginn des Tages unterscheiden könnten.*
> *Einer sagte: »Wenn man in der Entfernung ein Tier sieht und erkennt, ob es eine Kuh oder ein Pferd ist.«*
> *Nein«, sagte der Guru.*
> *»Wenn man in der Entfernung einen Baum sieht und erkennt, ob es ein Paternosterbaum oder ein Mango ist.«*
> *»Wieder falsch«, sagte der Guru.*
> *»Also, wie dann?« fragten die Schüler.*
> *»Wenn man in das Gesicht eines Mannes blickt und darin seinen Bruder erkennt; wenn man in das Gesicht einer Frau blickt und in ihr seine Schwester erkennt. Wer dazu nicht fähig ist, für den ist, wo immer die Sonne auch stehen mag, Nacht.*

MISSION TAT UNS NICHT NUR WEH

Aber wir haben doch den besseren Teil bekommen
Unbekannter Autor in Afrika

Als afrikanischer Pfarrer in Bayern war ich Gott sei Dank keine Überraschung, wie ich ursprünglich befürchtet hatte. Es gibt im Allgäu afrikanische Pfarrer, auch aus anderen Konfessionen. Als ich anfangs in Deutschland sagte, dass ich evangelischer Pfarrer sei und als normaler Pfarrer arbeiten würde, fragten viele: »Wie kommst du denn eigentlich nach Deutschland?«

Da musste ich dann wieder erzählen, dass unsere evangelisch-lutherische Kirche in Tansania - ELCT und die evangelisch-lutherische Landeskirche in Bayern - ELKB eine mehrjährige Partnerschaft haben und dadurch die Möglichkeit von Personalaustausch bestehe. Schließlich möchten wir gegenseitig voneinander lernen, da wir uns als eine Kirche Gottes verstehen. Nach solchen Erklärungen wird die Austauschmöglichkeit auf einmal gelobt. Für viele ist die erste Hemmung weg, wenn sie erfahren, dass es nicht um Mangel an evangelischen Pfarrern in Bayern geht. »Gut, dass Sie da sind«, sagen viele nach dieser Erklärung.

»Und wieso ins Allgäu?«, so wurde dann oft weiter gefragt und ich erkläre dann, dass das Dekanat Kempten im Rahmen des kirchlichen Kontakts mit Tansania eine *Partnerschaft* mit der Diözese Arusha (North-Central Diocese) hat, eine sehr lebendige Partnerschaft seit mehr als 35 Jahren, und dass das Dekanat Kempten diese Partnerschaft gezielt mit dem Evangelisten Zentrum - Oldonyo Sambu - pflegt. Da ereignen sich die gegenseitigen Begegnungen, Austausch, Stärkung, Begeisterung und Engagement. So wird deutlich, dass es nicht um Käse, Berge und Ferien geht.

Für manche Allgäuer wird es klar, wenn ich den Besuch des Massaichors in Erinnerung rufe, der hier im Allgäu in verschiedenen Gemeinden war, und die Menschen begeisterte. »Die waren einmalig«, sagen viele.

Oder noch klarer, wenn ich über die mehr als 30 Jahre alte *Asante Christus Kapelle* rede, die von Jugendlichen aus Arusha, Tansania und Bayern im Jahr 1979 in Kranzegg gebaut wurde. Die erste und einzige evangelische Wegekapelle im Allgäu überhaupt! An dieser Kapelle sind die Allgäuer dann vielleicht schon während eines Spaziergangs vorbei gekommen. Oder sie haben da eine geistliche Pause gemacht.

Durch solche Erzählungen wird vielen unser Hiersein verständlicher. Sie sind dann zufrieden. Um diese Zufriedenheit zu beweisen, fragen sie dann, ob wir uns mit dem Allgäuer Dialekt schwer tun oder ob unsere Kinder ihn sprechen. Da erwidern wir dann freundlich, dass unsere Kinder Allgäuerisch sprechen. Sie sagen *Pfiat di* statt *Auf Wiedersehen*! Wir erzählen auch, dass der kleine Bub hier in Kaufbeuren geboren ist, also ein echter Allgäuer - mit Lederhose und Allgäuer-Hut. Da wird dann wieder mal gelacht. Auf diese Art und Weise entsteht Freundschaft mit den Allgäuern.

Schwieriger wird es, wenn ich das Gleiche andersrum erkläre und erzähle, dass ein paar bayerische Pfarrer bei uns gerade in Gemeinden und Institutionen in Tansania arbeiten. Da legt sich bei manchen die Begeisterung, denn das Bild von *Mission* und *Missionierung* wird geweckt. Da muss ich dann mit meinem geringen Wortschatz erklären, dass uns die Mission nicht nur weh getan hat. Es wurden damals Schulen und Krankenhäuser gebaut und nicht zu vergessen: Sie brachte das Evangelium!

Aber ich muss auch erklären, was Mission heute heißt: Gemeinsam die Liebe Gottes in Jesus Christus entdecken und diese Liebe weiter zu tragen und zu zeigen. Das ist ein gemeinsamer Auftrag. Wir arbeiten zusammen! Das kann man oder eine Kirche doch nicht allein machen. Die Kirche ist doch nur dann Kirche, wenn sie in der Gemeinschaft und im Dialog mit anderen Kirchen ist - die Kirche mit - durch - und für die anderen. Wir verstehen uns alle als Menschen Gottes, die unterwegs sind auf einer Reise, durch die wir uns selbst finden und erkennen. Gott ist unser Begleiter!

Nach solchen Erklärungen ist für viele die gute Stimmung wieder da. Doch in solchen Situationen merke ich schon, dass es nicht leicht ist. Viele beschäftigen sich noch mit der Geschichte der Mission und des Kolonialismus, aber man muss doch nach vorne schauen, zumindest dann, wenn die Betroffenen selber nach vorne schauen.

Noch heikler war es, als ich mal gesagt hatte, dass ich auch *Missionar* sei, denn in Tansania werde ich so genannt. Da musste ich dann wieder viel kämpfen, um zu erklären, dass jeder Getaufte ein Missionar ist, schließlich bekommt jeder Getaufte bei der Taufe einen missionarischen Auftrag. Da merkte ich, dass ich mit einer ganz anderen Mentalität hier kämpfe.

In diesem Kampf wurde für uns deutlich, dass zu den vielen Worten, die in der Gesellschaft tabuisiert werden, auch das Wort *Mission* gehört. Viele scheinen auch zu glauben, dass wir die Auswirkungen des Kolonialismus nicht begriffen haben, wenn wir uns als Afrikaner (die unter Kolonialismus litten) immer noch als *Missionare* bezeichnen. Viele glauben, dass mit der Abschaffung des Kolonialismus auch die Abschaffung der Mission einhergehen sollte.

Einmal habe ich jemandem meine Predigt mit der Bitte gegeben, die Grammatik zu korrigieren. Bei der Korrektur ist er auf das Wort *Mission* gestoßen und wollte das Wort sofort streichen. Er hat einfach nicht geglaubt, dass ich bis heute das Wort *Mission* nutze. »Doch, sogar sehr bewusst«, sagte ich. Was für eine unangenehme Atmosphäre war das!

Das Ausmaß des Kolonialismus ist uns ja auch sehr wohl bekannt, denn das Land wurde uns weg genommen. Das Land, wo unsere Ahnen in Frieden ruhen! In anderen Traditionen in Tansania ist das Land sogar heilig. Das Land ist keine Ware, wie wir das gerade mit *Landgrabbing - Jagd nach dem Land* in den Ländern des Südens erleben. Land bedeutet für die Menschen Lebensgrundlage in einem umfassenden Sinn. Die Aussage des ersten kenianischen Präsidenten, Jomo Kenyatta, verdeutlicht dieses Bewusstsein: »Als die ersten Missionare nach Afrika kamen, hatten wir das Land und sie die Bibel. Dann haben sie uns beigebracht mit geschlossenen Augen zu beten. Als wir die Augen wieder öffneten, hatten die Weißen das Land und wir die Bibel.«

Vielleicht äußerte sich der kenianische Präsident ein bisschen spät. Aber seine Worte erklären die Geschichte, die hinter uns liegt. Als eine deutsche Frau diese Worte von dem kenianischen Präsidenten hörte, brach sie in Tränen aus. Sie weinte, weil ihre Großeltern als Missionare in Afrika beerdigt wurden. Sie waren Missionare. Mission war für sie alles. Die Frau empfand diese Aussage also als eine große Pauschalisierung, weshalb ein Afrikaner sich zu der Aussage veranlasst sah: »Aber wir haben doch den besseren Teil bekommen.« Man fragt sich: »Stimmt das eigentlich?«

Das Land war weg! Das Evangelium ist aber da bis heute: Das Licht in der Welt. Das Evangelium ist die einzige Waffe, wenn man heute Ungerechtigkeit bekämpfen will. Was für eine Spannung, dass die einzige und wichtigste Waffe geblieben ist! Das Evangelium!

Durch das Evangelium kam das Land wieder zurück, auch wenn der Feind heute wieder versucht, das Land zu stehlen. Doch dieser Feind unseres Landes, die Landjäger, sind ein begrenztes Übel. Die Zeit kommt, da der Feind komplett machtlos sein wird. Der Volksmund der Amhara, in Äthiopien sagt: *Klage nicht darüber, dass Gott den Tiger geschaffen hat, sondern danke ihm, dass er ihm keine Flügel gegeben hat.* Die Hoffnung ist groß.

Auch das Selbstbewusstsein steigt gerade in Afrika. Die Menschen wissen, dass sie ihre Spiritualität mit ihren Muttersprachen besser ausdrücken können. Gott offenbart sich ja überall und in allen Sprachen, so lesen die Massai heutzutage z. B. Psalmen auch in ihren Kontexten. Das folgende Gebet von einem unbekannten Verfasser verdeutlicht diese veränderte Selbstwahrnehmung und das Verständnis von Christentum im kulturellen Kontext Afrikas:

> *(Gott) Früher habe ich immer gedacht, du seiest weiß wie auf den Bildern der Missionare.*
> *Wir haben die Hymnen in der fremden Sprache und mit dem schleppenden Rhythmus gesungen, unverständliche Worte.*
> *Ich habe zu dir in Englisch gebetet, weil ich dich nicht in meiner Sprache beleidigen wollte.*
> *Doch nun weiß ich es: Du bist schwarz, so wie du für die in Europa weiß bist.*
> *Du bist auch zu uns in die Hütten gekommen. Ich kann zu dir in meiner Sprache beten.*
> *Du verstehst alle Sprachen, weil du uns lieb hast wie eine Mutter, die auch das Stammeln ihres Kindes versteht.*

Vielleicht betrachten deshalb manche Afrikaner das Ganze anders. Sie vergeben den Missionaren ihre Schwäche, da sie das Evangelium – das Licht der Welt - brachten. Einfach vergeben! Die Missionare waren ja auch keine Heiligen! Wir sind es heute doch auch nicht.

Pfarrer Christian Pohl schreibt: »Aber gerade diese Seite der Missionsgeschichte wird von bestimmten Menschen aus ideologischen Gründen hervorgehoben, weil sie das Christentum und insbesondere seine Ausbreitung eindämmen oder bekämpfen wollen. In diesem Kontext wird die positive Seite der Missionsgeschichte völlig verschwiegen, wie z. B. die Entwicklung und Erhaltung lokaler Sprachen. Die neuere akademische Forschung versucht ein differenzierteres Bild von Mission zu zeichnen, und sich - so gut es geht - nicht von pauschalen ideologischen Vorwürfen leiten zu lassen. Also, trotzdem waren die Missionare Kinder ihrer Zeit, aber manchmal auch Kritiker ihrer Zeit!«

Nach einiger Zeit hier in der deutschen Gemeinde und in der Gesellschaft ist mir das noch klarer geworden. Ich fühle mich wieder als Missionar – Missionar im Sinne von den Brüdern und Schwestern in Christus, hier mit dem Auftrag (mit anderen Brüdern und Schwersten) *jene zu erreichen, die schon erreicht waren* - die Gemeinde. Anders gesagt: Auch durch Gottesdienste und Bildungsveranstaltungen machen wir Mission. Auffällig ist auch Folgendes im Zeitalter der Globalisierung: Wir erleben die Erosion traditioneller Werte und die Pluralisierung der Lebensformen. In diesem Zusammenhang ist *Mission* wichtiger denn je. Mission ist nicht nur herkömmlich, nach dem alten Motto: *to reach the un-reached (diejenigen erreichen, die nicht erreicht sind)* zu verstehen, sondern auch als ein *to re-reach the reached (ein Wieder-Erreichen derer, die schon erreicht waren).*

Dieses *Wieder-Erreichen* entspricht der Weisheit des namhaften Theologen Karl Barth, der gemeint hatte, dass es im Leben des Menschen Worte gibt, die sich der Mensch nicht selber sagen kann. Solche Worte müssen ihm (von jemand anders) gesagt werden. Gottes Wort ist ein solches Wort, das uns andere zusprechen müssen. In diesem Sinn kann man auch sagen, dass die Missionare damals auch missioniert hätten werden sollen. Und die heutigen Missionare auch! Sind nicht alle Getauften Missionare, die auch missioniert werden sollen? Wir brauchen uns gegenseitig. Mission ist in diesem Sinne kein Tabu, sondern ein Auftrag. Er wird in der Partnerschaft erfüllt. *Das Feuer brennt hoch, wenn jeder sein Stück Holz bringt!* Partnerschaft selbst ist jedoch noch keine Mission, doch hierdurch ergibt sich die Mission Gottes. Durch sie offenbart sich Gott, zu dem wir alle unterwegs sind. Wenn wir alle, egal von welchem Kontinent der Erde, zusammen sind, kommt Jesus mitten unter uns - er erleuchtet uns und schenkt uns den Sinn des Lebens.

Durch ihn haben wir ein Ziel.

Afrika von einem Afrikaner

Sehen ist anders als erzählt bekommen.
Kenia

Überrascht hat uns das hiesige Afrikabild. Das Afrika, das wir hier erleben, ist nicht das Afrika, das wir kennen. Dabei sind wir doch dort geboren und aufgewachsen. Also ein Afrika, wie es hier geschildert wird, gibt es nicht.

Da stimme ich den Worten Georg Brunolds zu, der sagt: »In der nördlichen Hemisphäre gibt es viele Leute, die glauben, Afrika liege am Meer und dort herrsche ein heißes, ein unerträgliches Klima. In aller Regel seien die Menschen schwarz, glauben die Leute oft, und die Mehrzahl der Afrikaner, wie sie dort unter der glühenden Sonne ackerten, hätten die meiste Zeit Hunger. Afrika, wo mit dem Boden, der Luft, dem Wasser, wo mit allem und jedem von Grund auf alles und so vieles auch mit dem Charakter der Menschen verkehrt ist und wo nur diese exotische, attraktive, aber fast ebenso unmenschliche Tierwelt floriert - einen solchen, regelrecht bestialischen Kontinent gibt es nicht.«

Das koloniale Afrikabild ist hier sehr verinnerlicht. Die mittelalterlichen Klischees über Frauen - KKK (Kinder, Küche und Kirche) werden durch Afrika umgesetzt - KKK (Krieg, Korruption und Krankheiten). Hinzu kommt dann noch der Einsatz von Kindersoldaten. Zugleich wird jedoch der ganze Kontinent brutal als *ein schönes Land* bezeichnet. Mal wird Afrika als ein natürliches Land gelobt, romantisiert und idealisiert. Ein anderes Mal wird der Kontinent lediglich mit *Singen, Tanzen und Trommeln* in Verbindung gebracht. Da hilft wiederum nur Humor. Die 54 Länder, die man heute in der Landkarte sieht, sind ein Produkt des Kolonialismus. Viele kleine Länder sind von kolonialen Herrschern einfach zu einem Land zusammengeführt worden. Diejenigen hingegen, die angeblich zu groß waren, sind willkürlich auf immer geteilt - ohne Rücksicht auf Religionen und ethnische Gruppierungen. Deshalb stimme ich der These zu, dass manche Probleme in Afrika nur gelöst werden können, wenn die kolonialen Grenzen aufgerissen werden. Afrika ist ein Kontinent mit vielen verschiedenen Ländern und Völkern - und genauso bunt ist seine Kultur!

Obwohl unser Berg, der Kilimandscharo, uns gehörte, hatte man hier in Europa einst einfach behauptet, dass er ihnen gehöre. Brutal! Einfach so! Der das behauptete, war aber eben ein König. Na ja! Er hatte den Berg sogar jemandem anders geschenkt - im Austausch für eine ganz andere Leistung. Der König saß hier in Europa. Er schenkte jemandem den Berg, der ebenfalls hier saß. Aber der Berg selbst war in Afrika. Durch diese Transaktion gehörte der Kilimandscharo plötzlich nicht mehr, wozu er ursprünglich gehörte. Britisch Ostafrika (heute Tansania) tauschte ihn mit Deutsch Ostafrika. Der Kilimandscharo war mal der höchste Berg Deutschlands. 5895 m hoch! Damit dann natürlich auch der höchste Berg Europas. Lächerlich wäre für die Einwohner am Kilimandscharo, wenn sie später erfahren würden, dass der Berg hier sogar anders hieß: *Kaiser-Wilhelm-Spitze*. Oder verkürzt: *Wilhelmskuppe*. Die Behauptung, dass er von einem Deutschen, Johann Krapf, entdeckt worden sei, ist auch irre. Aber so schrieb man hier damals und so erzählte man es sich auch. Was dabei jedoch vergessen wurde: Eine ganze Menge Afrikaner kannten den Berg bereits. Wie die Mauer in Berlin fiel, aber in den Köpfen von manchem noch heute zu spüren ist - und vielleicht sogar noch fester wird - so ist es auch mit den kolonialen Denkmustern über Afrika.

In einem Fotoladen hat man mich einmal gefragt, wo ich herkäme. »Aus Tansania«, antwortete ich. Es wurde weiter gefragt: »In Tansania gibt es aber keinen Krieg oder?«

»Oh, hier herrschen wieder die KKK - Krieg, Korruption, Krankheiten«, dachte ich und antwortete: »Nein, aber so etwas wie *Stuttgart 21* gibt es schon.«

Der Verkäufer sah mich an und fragte: »Wie viel Bilder brauchen Sie denn?«

»Sechs«, habe ich geantwortet.

Er stellte seine Kamera richtig auf, schoss die Bilder und gab sie mir. Als ich aus dem Laden raus war, habe ich mir dann gedacht, dass er mich zwar gesehen hatte, aber das Bild von Krieg irgendwo in Afrika doch auftauchte.

Na ja! In manchen Ländern Afrikas gibt es schon noch Krieg. Vielleicht reagierte ich auch zu sensibel, wenn ich mich durch eine solche Begegnung gekränkt fühlte. Ich glaube nicht, dass man mich mit solchen Fragen kränken oder abwerten will. Es ist ein Ausdruck von Hilflosigkeit, vielleicht auch Mitleid. Es ist möglicherweise auch der Versuch Unsicherheit und Unwissen zu kaschieren und zu verstecken. Dieser unbewusst abwertende Blick nach Afrika ist leider sehr verinnerlicht. Und er wächst bis heute, denn gesellschaftliche Strukturen in der Politik, Erziehung und in den Medien reproduzieren ihn immer weiter.

Wirft man einen Blick in die Medien, wird deutlich, dass eigentlich nur das gesagt wird, was die Menschen hören wollen und nicht, was tatsächlich passiert. Insofern sind die Menschen nicht einmal selbst Schuld, wenn sie Vorurteile über Afrika haben. Der Konsum von Medien, die sich nur am Gewinn orientieren, spielt hier eine große Rolle. Im Fernsehen wird gezeigt, was die Zuschauer schon wissen - einfach anders, umgedreht. Da ist es kein großes Wunder, dass man bis heute Afrika lediglich mit Löwen und Elefanten in Verbindung bringt, obwohl dort doch über eine Milliarde Menschen leben! Man verbleibt in diesem klischeehaften Bild. Eigentlich sollte man selbst hinfliegen.

Es ist eine seltsame Situation, denn sonst wird uns doch immer geholfen zu sehen. Doch die orientierungslose Ausrichtung gewisser Fernsehsender nach vermeintlichen Zuschauerwünschen schränkt unsere Sicht auf das ein, was bereits bekannt ist.

Manche Journalisten und Filmemacher interessieren sich offensichtlich leider nur für solche Bilder, die das alte und kolonialistische Bild darstellen. Sie verschärfen die Klischees, unabhängig von den moralischen, sozialen und gesellschaftlichen Konsequenzen. Es geht ihnen vielfach nur um eine möglichst hohe Gewinnmaximierung.

Ob bewusst oder unbewusst: Viele Journalisten, Regisseure und Schauspieler zeigen sich in ihrer Arbeit gegenüber Schwarzen als äußerst *Menschlichkeitsfeindlich*. Sie stellen Bilder dar, die der alten und rassistischen Vorstellung über Afrika entsprechen. Nackte afrikanische Frauen und Männer werden auf großen Plakaten an Bahnhöfen und anderen prominenten öffentlichen Plätzen dargestellt oder im Fernsehen im Namen einer Dokumentation, eines Films oder was auch immer zur Schau gestellt. Die Würde der Afrikaner ist in Gefahr nicht unantastbar zu sein! Natürlich ist dies immer eine Frage des individuellen Berufsethos, andere Menschen für den eigenen Zweck zu instrumentalisieren – aber ist eine derartige Praxis nicht unsozial, auch wenn mit solchen Bildern sogar Preise gewonnen werden!?

Zu den ersten Feinden der schwarzen Menschlichkeit gehören leider, ob bewusst oder unbewusst, viele karitative Organisationen. Bei ihnen heißt es: *Gut gemeint, aber rassistisch gemacht*. Die *anderen Menschen*, um die es doch eigentlich gehen sollte, werden einfach instrumentalisiert um Geld einzubringen. Besonders enttäuschend ist eine derartige Praxis, wenn sie ganz bewusst und gezielt eingesetzt wird. Ganz dem Motto verpflichtet: *Nur mit solchen Bildern kann man Geld aufbringen*. Es ist schon klar, dass bei einer derartigen Organisation im Vordergrund steht, möglichst viel Geld zu sammeln, doch damit einher geht die Verzweckung des Menschen und damit eine Beraubung seiner Würde! Das entspricht dem, was der ehemalige Präsident der USA Richard Nixon sagte: »Wir wollen eines nicht vergessen: Das Hauptziel unserer Hilfe ist nicht, anderen Nationen zu helfen, sondern uns selbst«. Wenn das Geldsammeln wichtiger zu werden scheint, als die Würde der Armen, habe ich manchmal den Eindruck, dass das Ziel ist, dass Menschen abhängig bleiben. Eine derartige Hilfe erzeugt ein *Dependenz-Syndrom.* Das ist auch den Kommunen in Afrika bewusst. Der Volksmund in Nigeria z. B. sagt: *Wer getragen wird, weiß nicht, wie weit die Stadt entfernt ist.*

Manche karitativen Organisationen leiden ja unter großer Naivität und Unprofessionalität, unter anderem unter politischer und interkultureller Inkompetenz. In einzelnen ist sogar Korruption zu beobachten - unmenschlich wird es jedoch, wenn mehr Geld für das Gehalt von Angestellten als für das eigentliche Hilfsprojekt ausgegeben wird. Denn wenn bei Hilfsprojekten nicht die Würde des Menschen im Vordergrund steht, dann entbehrt diese Form der Unterstützung jeglicher Legitimation. Der Schaden, den solch diskriminierende Bilder und Darstellungen verursachen, kann durch keine Spende wieder gut gemacht werden. Pratibha Parmar, eine indisch-britische Filmemacherin, sagte über die ideologische Bedeutung von Bildern: »Bilder spielen eine entscheidende Rolle bei der Definition und Kontrolle politischer und sozialer Macht, zu der einzelne und marginalisierte Gruppen Zugang haben. Das zutiefst ideologische Wesen der Bilderwelt bestimmt nicht nur, wie andere über uns denken, sondern auch wie wir über uns selbst denken.«

Sollten unprofessionelle karitative Organisationen nicht als solche identifiziert werden, wenn sie sich mit dieser Problematik bis heute nicht auseinandersetzen? Egal ob sie bewusst oder unbewusst agieren? Die Armen waren ja immer da. Stellt Armut in diesem Zusammenhang letztendlich nicht ein soziales Konstrukt dar?

Es gibt keine Entschuldigung dafür das vielleicht letzte Grundrecht der Armen, ihre Würde, zu verletzten. Einem unbeteiligten Beobachter vermittelt das teilweise sehr unbeholfene Agieren gewisser karitativer Organisationen das Gefühl, dass diese sich sogar darüber freuen, wenn die Lage der Armen prekär bleibt. Schließlich können sie so mehr Geld sammeln und mit diesem Geld wiederum neue Arbeitsplätze schaffen. Diese Widersprüchlichkeit in der Entwicklungshilfeindustrie darf nicht ausgeblendet werden. Letztendlich werden die Armen bestimmt, indem sie auf Plakaten und im Fernsehen als Opfer und stimmlos dargestellt, als einfacher Empfänger unserer Almosen dargestellt werden. Die Armen geben auf den Bildern lediglich bestimmte Typen für bestimmte Probleme wider: Als Typus für Hunger, für Überschwemmungen, für Naturkatastrophen und und und ...

Welche Auswirkungen eine derartige Haltung hat, ob sie schadet vielleicht sogar tötet, wen interessiert das schon? An dieser Stelle sollte auch darauf hingewiesen werden, dass die über hundertjährige politische, soziologische und ökonomische Ausbeutung noch heute eine Herausforderung für Afrika darstellt.

Was Afrika von den so genannten entwickelten Ländern an Hilfe bekommt, stellt teilweise das dar, was Afrika in früheren Zeiten gestohlen wurde. So hat man es gesagt und so darf man es auch sagen. Im biblischen Kontext sollte Europa seine Schuld viermal wieder zurückzahlen wie es Zachäus in der Bibel gemacht hatte. Hätte Europa nur einmal das zurückgezahlt, was es uns genommen hat, so wäre die Situation heute vielleicht eine andere. Stattdessen wird gerade wieder gestohlen. Diesmal durch ungerechte wirtschaftliche Strukturen.

Die ungnädige Aktion *Globalisierung* verschärft diese Krise – und obwohl manche hier in Europa durchaus davon wissen, sprechen sie nicht darüber. Sie sind doch neutral! Oder sie interessieren sich einfach nicht für Politik. Weshalb sollten sie auch? Das System hat sie bisher ja immer bevorzugt ...

Deshalb schreibt Desmond Tutu, der Friedensnobelpreisträger und Kämpfer gegen das Apartheid-Regime in Südafrika: »Hat ein Elefant seinen Fuß auf dem Schwanz einer Maus, und du sagst, du wärest neutral, wird die Maus deine Neutralität nicht schätzen.«

Mit derart ungerechten politischen und wirtschaftlichen Strukturen will man Afrika aus der Wirtschaft raushalten. Man sagt, man möge eine Partnerschaft mit Afrika pflegen. Auf Augenhöhe! Sauber gesagt – doch wann? Wenn alles weg ist.

Natürlich sind wir auf menschlicher Ebene alle gleich. Doch wirtschaftlich gesehen sind deutliche soziale Differenzen festzustellen. Man darf nicht vergessen, dass die Gründe für die Armut in Afrika als Ursachenkomplex anzusehen sind. Globale, regionale und lokale Zusammenhänge müssen berücksichtigt werden. Schwierigkeiten im Übergang von der Kolonie zum freien Staat wurden teilweise absichtlich provoziert, um gezielt Abhängigkeiten zu konstruieren. Auch setzten ehemalige Kolonialmächte gezielt afrikanische Präsidenten ein, um weiterhin Einfluss nehmen zu können und so eine neue Art von Kolonialismus zu praktizieren. In manchen Ländern hat sich hierdurch die Situation deutlich verschlechtert. Korruption und Waffenhandel sind ein großes Übel – Gewalt *Made in Europe.* Vereinzelt nutzten afrikanische Präsidenten die schlechten Vorbereitungen hin zu einem neuen Regierungssystem auch, um eine Diktatur aufzubauen.

Es zeigt sich also, dass die heutigen Probleme in Afrika natürlich nicht monostringent auf den Kolonialismus zurückzuführen sind. Doch trotz all der Herausforderungen die vor uns liegen, machen einige Länder bereits große Fortschritte. Das verallgemeinerte Bild von Krieg, Katastrophen und Korruption in Afrika stimmt so nicht mehr.

Von diesen Ländern können wir lernen.

Wenn ein Afrikaner Allgäuerisch sprechen muss

Der Dativ ist dem Genitiv sein Tod
Bastian Sick

Deutsch war echt der Hammer.

Konkret begegneten uns die ersten deutschen Wörter am Flughafen Nürnberg. Es sah schon schwierig aus, wie die Wörter geschrieben waren, noch komplizierter hörte es sich jedoch für uns an, wie die Wörter gesprochen wurden.

Obwohl viele Worte fremd aussahen, dachten wir zunächst, dass sie doch dem Englischen recht ähnlich seien. Aber Achtung! Mittlerweile wissen wir, dass es sehr gefährlich wäre einem Fremden zu sagen, dass Englisch und Deutsch verwandt sind. Ja, man glaubt nicht, was einem Fremden passieren kann, der sich hier auf sein Englisch verlässt: Etwa hinsichtlich der Beschilderung der Toiletten, wo einer Fremden die Beschriftung sehr logisch erschien: daMEN und HERren. Wir sehen ja was wir sehen wollen. Man kann sehr einfach erraten, wohin diese Frau ging. Ihre Logik hat hier nicht funktioniert. Natürlich ging sie in die Herrentoilette. Auch als wir hörten, wie sich die Menschen auf Deutsch unterhielten, wurde uns klar: »Wir sollten schnellstens alle Hebel in Bewegung setzen, wenn wir diese Sprache jemals sprechen wollen!«.

Zwei Wochen nach unserer Ankunft waren wir mit unserem Gastgeber im Auto unterwegs. Bei dieser Fahrt fiel meiner Frau das Wort *Ausfahrt* auf, das uns fast alle zehn Kilometer begegnete. »*Ausfahrt* muss wohl eine sehr große Stadt in Deutschland sein, wenn da alle Straßen hinführen ...«, überlegte sie laut. Nach dieser Bemerkung mussten alle erst einmal laut lachen, ehe die Erklärung gegeben wurde.

Die Deutsche Sprache war also die größte Herausforderung, die wir je erlebt haben. Wir konnten uns anfangs einfach nicht vorstellen, dass auch wir irgendwann etwas auf Deutsch ausdrücken könnten. Es war einfach furchtbar, denn in einer fremden Sprache kann man leider nur sagen, was man sagen kann, und nicht was man sagen will. Deshalb gab (und gibt es immer noch) Missverständnisse.

Nach etwa vier Monaten hatte unser deutscher Bekannter etwa einmal versucht, uns auf Deutsch anzusprechen. Er konnte es gar nicht glauben, als wir tatsächlich so mutig waren, ihm auf Deutsch zu antworten. Trotz unseres Mutes hat er sich jedoch gedacht: »Mutig sind sie schon, aber es wird hier nichts«, so erzählte er uns nach einem Jahr.

Da wir anfangs nicht richtig auf Deutsch kommunizieren konnten, hatten wir regelmäßig Probleme: In den Supermärkten, in den Bahnhöfen und in den Zügen. Wenn der Zug etwa Verspätung hatte und es Durchsagen gab, wie beispielsweise, dass man warten oder das Gleis wechseln solle, konnten wir das nicht verstehen. Niemand war bereit, uns die Ankündigungen auf Englisch zu übersetzen. Denn die Menschen hatten selbst Angst. Angst davor, dass sie ihren Zug verpassen könnten oder vielleicht auch weil sie sich nicht trauten Englisch zu sprechen. Solche Durchsagen sind ja oft extrem undeutlich. Teilweise haben da sogar Einheimische Schwierigkeiten sie richtig zu verstehen!

Auch in anderen öffentlichen Bereichen war es manchmal schwierig sich verständlich zu machen. Im ersten Monat nach meiner Ankunft habe ich es z. B. nicht geschafft eine Monatskarte am Bahnhof zu kaufen. Die Verkäuferin sprach offensichtlich kein Wort Englisch. Und ich sprach fast keinen richtigen Satz auf Deutsch. Wie sollte ich da zu einer Monatskarte kommen? Vielleicht habe ich aber auch zu schnell aufgehört, mit Händen und Füssen auszudrücken, was ich wollte.

Mission EineWelt finanzierte uns einen Sprachkurs in Bochum, bei dem ich und meine Frau die Möglichkeit hatten Deutsch zu lernen. Ein Jahr lang hat das gedauert. Wir standen in dieser Zeit unter großem Druck, so mussten wir durchschnittlich mehr als 100 Vokabeln pro Woche und zusätzlich auch noch die komplexe Grammatik erlernen. Mit unserem zehn Monate alten Sohn war das sehr anstrengend. Da musste man etwa die Zauberei von *der-die-das* überleben. Wir haben bis heute keine Regeln gefunden, warum ein bestimmtes Nomen *der, die* oder *das* als Artikel hat. Wir mussten also alle Nomen gleich mit ihrem Artikel schlucken. Das war nicht langweilig. In allen Zimmern, egal ob Schlaf-, Bade- oder Esszimmer musste man die Nomen und ihre Artikel singen, wie ein Verrückter. In Zügen und Bussen machte man das Gleiche. Spaß hat es nur gemacht, wenn man in den Zügen andere Fremde gesehen hat, die auch gekämpft haben, die Durchsagen zu schlucken. Einfach schlucken wie ein Computer. Dazu aber dann deutscher Humor:

»Na, hattest du auf deiner Griechenlandtour Schwierigkeiten mit deinem neuen Sprachcomputer?«

»Ich nicht, aber die Griechen ...«

Also, unser Computer hat bis heute kein Problem, aber die Deutschen. Denn es gibt in ihrer Sprache einfach keine Regeln und Logik. Es ist z. B. sehr verwirrend, wenn Sonne *die Sonne* und Mond *der Mond* heißt. Sollte es nicht vielleicht besser umgekehrt sein? Umso verwirrender ist für einen Afrikaner, wenn dann eine Hose *die Hose* und ein Rock *der Rock* heißt. Denn in Tansania ist es üblich, dass ein Rock für eine Frau und eine Hose für einen Mann ist.

Auch Dativ und Genitiv waren nicht langweilig. Es wird kaum in der Genitivform gesprochen, aber oft geschrieben und so hat es dann länger gedauert, bis wir den Sinn des Spruchs *Der Dativ ist dem Genitiv sein Tod* verstanden.

Da haben wir gedacht: »Die Einheimischen sollten sehr froh und dankbar sein, dass sie diese Sprache nicht als Fremdsprache lernen müssen ...«

Ein paar kleine Worte konnten wir trotz des Sprachkurses lange nicht richtig anwenden. Worte wie: *Ja, Oh je, Doch, Quasi* und *Jein.* Noch schlimmer dann die zwei Worte *Tja* und *Ja-mei.* Die habe ich bis heute nicht richtig benutzt, obwohl sie für mich immer gut klingen, wenn sie ausgesprochen werden.

Einmal musste ich während des Sprachkurses einen Text produzieren. Da habe ich die Geschichte von einem Deutschen geschrieben, der in Tansania seinerseits Schwierigkeiten mit Suaheli (unsere Landsprache) hatte. Bei seiner Verabschiedung vergaß er, dass *Ushirikiano Kooperation* heißt und *Ushirikina Hexerei*. Und so verabschiedete er sich majestätisch mit den Worten: »Wir möchten uns zuerst bei Ihnen für ihre *Ushirikina* (Hexerei) bedanken. Wir werden sicherlich von Ihrer vorbildlichen Ushirikina (Hexerei) in Deutschland berichten, denn sie hat uns sehr beeindruckt ....«

Im Sprachkurs wurde uns auch deutlich, dass eine Sprache mehr ist als ein Wörterbuch. Man muss den jeweiligen Kontext kennen, um den Inhalt zu verstehen. Als wir z. B. einmal den Ausspruch Luthers »Ich fresse wie ein Böhme und saufe wie ein Deutscher« gelesen hatten, wurde uns klar, dass Luther entweder manchmal sehr böse oder aber ein einfacher Mensch ohne Tischsitten gewesen sein musste. Man sieht ja auch oft nur das, was man glauben oder sehen will. Es ist kein Wunder, dass unsere Kinder mit so einer alten Sprache nichts mehr anfangen können. Heute empfinden wir Luther mit Ausdrücken wie *saufen* und *fressen* als derb. Damals aber verwendete man die Wörter, wie wir heute *trinken* und *essen*, da konnten uns unsere Wörterbücher nur wenig helfen.

Man muss ja die Sprache der Menschen verstehen, um ihre Kultur zu verstehen. Genauso gilt es auch umgekehrt, dass man die Kultur der Menschen kennen lernen muss, um auch ihre Sprache zu verstehen. Interessant ist es, wenn man jemandem hier begegnet, der schon einmal in Afrika war. Egal ob im Norden oder im Süden von Afrika. Manche Leute haben den Eindruck, dass sie schon einiges über Afrika wissen. Vielleicht ist dies auch so, aber meist doch nicht so viel, wie sie denken. Jemand, der in Tansania gelebt hatte, beschrieb seine Erfahrung einmal wie folgt: »Wenn man Afrika bereist hat, kommt man wieder zurück, und schreibt ein Buch über alle Eindrücke, die man gesammelt hat. Bereist man es zum zweiten Mal, kommt man wieder zurück, schreibt dieses Mal kein Buch, aber Briefe an seine Bekannten und erklärt, dass nicht alles, was man in dem Buch geschrieben hatte, stimmt. Bereist man es aber zum dritten Mal, kommt man zurück, aber diesmal schreibt man nichts.« Beim vierten Mal kommt man dann vielleicht nicht mehr zurück. So ging es bereits einigen, die dort ein neues Leben und vielleicht auch eine neue Familie fanden.

An den Berichten von Mitarbeitern, die in Afrika waren oder sind, fällt auf, dass es lange dauert, bis man die Situation vor Ort richtig kennt, vor allem wenn man die Sprache der Einheimischen nicht spricht. Natürlich sind Berichte unterschiedlich. Die Art und Weise zu erzählen ist von Individuum zu Individuum verschieden. Die Schilderungen zeigen oft, wie kompetent man in der Sache *Vielfalt – Diversity-Kompetenz* ist. Diese hängt nicht unbedingt von der Frage der Zeit ab, sondern wie offen man selbst ist oder war. Solche Schilderungen verdeutlichen, ob der Berichterstatter sich integrierte oder ob er ausgeschlossen war. So schreiben manche, die mehr als zehn Jahre in Afrika waren teilweise wie Touristen, wie Leute, die nur zwei-drei Wochen in Afrika unterwegs sind, während andere, die tatsächlich nur drei Wochen da waren, dagegen mit erstaunlicher interkultureller Kompetenz berichten. Es ist von Person zur Person unterschiedlich. Wichtig ist aber, dass es eine gewisse Kompetenz erfordert. Das kommt nicht von selbst. Man muss den Einheimischen begegnen und auf sie zugehen. Noch besser ist es, wenn man sich durch interkulturelle Gespräche vorbereiten kann. Es ist also eine Utopie, wenn man denkt, dass man in ein fremdes Land fliegen kann und alles dort spontan klappt. Mit dieser Utopie sind viele in Fettnäpfchen getreten oder sie bedienen das herrschende Klischee über Afrika.

Anders gesagt, um Informationen zu bekommen, benötigt man einen Ort und ein Ereignis. Mehr nicht. Aber um solche Information zu verstehen, muss man die Menschen vor Ort und ihre Kultur kennen lernen. Das ist jedoch noch nicht alles - man muss auch die Sprache der Menschen verstehen. Es ist nicht einfach von interkulturellen Angelegenheiten zu berichten. Ein Beispiel mag das hier verdeutlichen. Wenn man bei uns in Tansania mittags sagt: »Willkommen zu einer Tasse Tee«, heißt das nicht, dass die Menschen hier Tee trinken wollen oder dass die Menschen mittags nur Tee trinken. Die Aussage kann auch bedeuten »Herzlich Willkommen zum Mittagessen.«

Eigentlich benötigt man kein Abitur oder große Kompetenz, das zu verstehen, trotzdem passieren sogar studierten Journalisten derartige Verallgemeinerungen.

Große interkulturelle Herausforderungen haben wir später dann auch hier erlebt. So hatten wir etwa große Probleme Sprichwörter zu verstehen. Selbst so ein einfacher Ausdruck wie *Was der Bauer nicht kennt, isst er nicht* konnten wir ohne den Kontext der Menschen nicht verstehen. Im Allgäu ist die Phrase noch tiefer besetzt. Eine gute Freundin erklärt uns das folgendermaßen: »Das Sprichwort besagt, dass Allgäuer allem Fremden und Neuen gegenüber sehr kritisch und reserviert sind. Das gilt nicht nur fürs Essen. Andererseits bedeutet es aber auch, dass wenn ein Allgäuer mal etwas Neues angenommen oder Dich in sein Herz geschlossen hat, das auch wirklich ehrlich ist. Er wird dann immer zu dir stehen. Allerdings dauert das manchmal sehr lange, außer du engagierst dich irgendwie im Ort. Du siehst, die Allgäuer sind wirklich besonders. Sie sind zurückhaltend, denken erst und reden dann - aber wenn man ihre Freundschaft gewonnen hat, ist das sehr wertvoll. Ich hab Euch jedenfalls sehr in mein Herz geschlossen.«

Diese kulturelle Kompetenz empfinden wir als immer größere Herausforderung, weil viele deutsche Worte gerade zunehmend diplomatisiert werden. In diesem Prozess werden ihre Hintergründe leider unsichtbar und demzufolge unverständlich. So wird die Putzfrau zur Reinigungskraft oder Zugehfrau. Probleme heißen optimistisch Herausforderungen oder zugespitzt Chancen.

Altenheime nennt man heutzutage *Seniorenresidenz*. Da kapieren Menschen mit sprachlichen Defiziten oder Fremde nicht allzu schnell was gemeint ist.

Schon extrem, wenn ein Döner zu einem *gefüllten Fladenbrot mit Migrationshintergrund* mutiert ...

Spricht man gut Deutsch, ist es auch nicht viel besser

»Du sprichst aber echt gut Deutsch. Kompliment!«

Von Fremden wird erwartet, dass sie die deutsche Sprache lernen und sprechen. Schlagen Sie nur einmal die Zeitung auf oder werfen einen Blick in den Fernseher und Sie werden diese Aussage bestätigt finden.

Anders würde es auch nicht gehen.

In sämtlichen Integrationsdiskussionen wird die Sprache der Aufnahmegesellschaft als Kernpunkt für gelungene Integration angesehen. Häufig wird sie sogar als Schlüssel für Integration genannt. Als Fremde nehmen wir diesen Faktor der Integration auch durchaus als richtig war. Der große Haken dabei ist nur:

In unserer alltäglichen Lebenserfahrung stellte sich die Situation komplett anders dar. Wir haben wieder und wieder festgestellt, dass das Beherrschen der deutschen Sprache nicht viel in Hinblick auf die Integration bedeutet. Sie ist kein Wunderheilmittel gegen Ausschließung. Man wird trotz perfektem Deutsch ausgegrenzt. Manchmal wird man sogar trotz seiner Deutschkenntnisse auf Englisch angesprochen. Manche Einheimische nehmen offensichtlich einfach an, dass die Fremden hier nicht richtig Deutsch können. Selbst wenn man Einheimische auf Deutsch anspricht, kann es sein, dass man gefragt wird: »Sprechen Sie Deutsch?«

Natürlich stellt sich der gesamte Sachverhalt extremer dar, wenn man fremd aussieht.

Ich konnte es kaum glauben, als mich einmal ein Kind fragte, wie lange ich schon Deutsch spräche und wo ich es gelernt habe. Ich musste dem Kind erklären, dass ich Deutsch bereits länger als es selbst spräche. Trotz dieser Erklärung glaubte es nicht, dass ich besser sprechen könne als es selbst. Für die Eltern war die ganze Situation natürlich höchst peinlich.

Der nigerianische Volksmund sagt: *Aus dem Mund eines Kindes spricht seine Familie.* Die Eltern stellten sich vielleicht ähnliche Fragen - zumindest im Herzen.

Also: Spricht man als Afrikaner nicht gut Deutsch - fühlt man sich fremd und einem wird sehr schnell bestätigt, dass man hier nicht hergehört. Spricht man jedoch gut, so ist es auch nicht viel besser. In diesem Fall hört man: »Dein Deutsch ist aber perfekt!« Oder: »Du sprichst echt gut Deutsch.« Ich weiß, natürlich ist beides positiv gemeint. Das Problem hierbei ist jedoch: Es kommt nicht so an, da man dasselbe zum *Weißen* der neben einem sitzt, ja nie sagen würde. Wir dagegen werden oft gefragt: »Und wo haben Sie Deutsch gelernt? Haben Sie die Sprache bereits in ihrer Heimat gelernt? Woher kommen Sie denn eigentlich?« Das ergibt dann eine bunte Mischung aus Lob, Ermutigung und Diskriminierung.

Ich gehe davon aus, dass es nicht angemessen ist, auf dieses soziologische Phänomen: »Du sprichst aber echt gut Deutsch - Kompliment!« als Weißer folgendermaßen zu reagieren: »Als wir in Afrika waren, wurden wir ja auch für unsere Sprachkenntnis gelobt.« In diesem Phänomen steckt, glaube ich, mehr als man auf den ersten Blick erkennt. Dient Lob etwa als unsichtbares Mittel zur Ausgrenzung!?

Derartige Situationen kommen nicht zur Sprache, wenn Politiker rund um die Uhr das Beherrschen der Sprache als Wunderwaffe der Integration darstellen. Man blendet einfach alle Faktoren aus, die nicht ins Schema passen. »Die müssen unsere Sprache lernen und sprechen, wenn sie hier leben möchten!« Ob diese Aussage jedoch ehrlich gemeint ist, das lässt sich nicht überprüfen.

Aber manche Einheimische sagen: »Wir sollten auch die Sprache der Einwanderer lernen.« Welche denn? In solchen Diskussionen werden oft die türkischstämmige Migranten ins Zentrum der Aufmerksamkeit gerückt, da sie hierzulande die Mehrheit der Einwanderer bilden. Allerdings wird ihre Sprache primär als Problem angesehen und kaum je als eine Bereicherung - ganz im Gegensatz zu ihrer reichhaltigen Auswahl am Obst- und Gemüsestand. Es gibt Einwanderer, die sprechen Deutsch ohne jeglichen Akzent - dennoch erleben sie Ausgrenzung.

Andere wiederum sprechen noch verstärkt ihre Heimatsprache. Natürlich ist dies ein Problem, hauptsächlich für Kinder, da die Ausbildung hier auf allen Ebenen in der Sprache der Aufnahmegesellschaft stattfindet. Das ist klar, aber auch erwachsene Einwanderer brauchen Deutsch. Es gibt Einzelne, die kein Wort Deutsch sprechen - das ist katastrophal! Selbst wenn man es heute noch nicht als Katastrophe ansieht - so wird es doch spätestens morgen eine sein. Stellen Sie sich vor, dass man ins Altenheim muss, ohne ein Wort Deutsch zu können!

Na ja, da sind angeblich auch Pfleger und Pflegerinnen, die andere Sprachen sprechen. Aber wenn Sprache und Kultur nicht zu trennen sind, werden manche Komplikationen später auftauchen. Man denke nur an die unterschiedlichen kulturellen Auffassungen in Hinblick auf Pflege und körperliche Privatheit! Sie sehen schon, in den kommenden 20 Jahren wird es in der Pflegeindustrie nicht langweilig. Natürlich ist es das heute schon nicht!

Man hätte aber gedacht, dass das Beherrschen der Sprache den Zugang zu wirtschaftlichen Mechanismen öffnen sollte. Tja - falsch gedacht!

Der ganz normale Alltag eines Afrikaners verdeutlicht das: So stellt ein telefonisches Gespräch mit Vermietern über den Wunsch eine Wohnung zu mieten in der Regel noch keinerlei Probleme dar - vorausgesetzt man beherrscht die Sprache akzentfrei (manchmal sogar mit einem Deutschen, der Dialekt spricht). Erfahrungsgemäß scheitert das Ansinnen jedoch bereits beim nächsten Schritt, sowie man den Vermieter persönlich trifft. Die Vermieter sagen dann: »Leider, leider! Ich habe schon jemanden anderes gefunden.«

Oder die Wohnung wird plötzlich etwas teurer, so dass man dann von sich aus absagt. Klar ist: Hier sucht man jemanden mit einer anderen Hautfarbe. Derartige Schilderungen sind kein Einzelfall. Es gibt unzählige Erzählungen, die eine Diskriminierung aufgrund fremdländischen Aussehens beinhalten - meist von Migranten mit afrikanischer Abstammung. So stünden etwa bei einer schwarzen Kassiererin im Supermarkt deutlich weniger Weiße in der Warteschlange als bei einer Weißen. Und ein schwarzer Ausbildungsplatzsuchender habe trotz eines guten Zeugnisses keine Stelle in einem Einzelhandelsgeschäft bekommen. Das verdeutlicht schon, dass eine gewisse Berührungsangst besteht. Man geht nicht einfach aufeinander zu. Vielleicht spielt die Sprachbarriere eine Rolle, aber stehen hier möglicherweise nicht doch die Eigenheiten, die man schwarzen Menschen zuschreibt, im Vordergrund?

Die perfekte Beherrschung der Sprache sichert eine *Form der Zugehörigkeit zu einem deutschsprechenden Kollektiv.* Also beinhaltet ein solches Lob bezüglich der Sprachbeherrschung einen bewusst oder unbewusst diskriminierenden Hintergrund.

Trotz seiner Sprachbeherrschung entgeht ein Afrikaner demnach nicht der Diskriminierung. Er entgeht auch nicht dem *Terrorismus eines indiskreten Fragekatalogs*, wie »Wo kommst du denn eigentlich her« oder »Wann kehrst du denn wieder nach Afrika zurück?«

Die Konfrontation mit der Frage nach der Herkunft allein aufgrund der Hautfarbe ist für Afrodeutsche hier allgegenwärtig. Demzufolge wird ihre Kompetenz in allen anderen Integrationsmechanismen immer wieder wegen dieses sozialen Denkmusters angezweifelt. Diese Situation trägt zur Erkenntnis bei, dass die Frage der Integration vielschichtig ist. Sie ist sogar von sozialen Gruppen abhängig. Man kann nicht gleiche Ansätze für alle ethnischen Gruppen anwenden. Das funktioniert auch nicht. Anders gesagt: pauschalisierte Maßnahmen im Kampf gegen Ausgrenzung werden so lange nicht erfolgreich sein, ehe nicht jeder ethnischen Gruppe und ihrer eigenen Biographie Aufmerksamkeit geschenkt wird.

Unterschiedliche Biographien und Weltanschauungen haben auch viel mit der alltäglichen Gestaltung des (Zusammen-)Lebens zu tun. Integration ist eine globale und gesellschaftliche Frage. Niemand wandert ohne Grund aus. Sei es freiwillig oder gezwungen. Die Gründe für die Einwanderung von Afrikanern nach Deutschland sind vielseitig und vielschichtig. Früher lag der Grund z. B. in Sklaverei und Entführung - *Völkerschauen*. Heute kommen sie als Arbeitskraft, als Asylbewerber, als Flüchtling. Auch zur Ausbildung als *Brain-Drain, Brain-Gain* oder als *Brain-Circulation*. Jeder Grund für sich stellt die Integration vor besondere Herausforderungen.

In Zeiten zunehmender Globalisierung und wachsender Mobilität sind noch weitere Umwälzungen zu erwarten. Immer mehr Menschen werden, wie ständig in der Geschichte der Menschheit, einwandern. Integration ist also eine Daueraufgabe, die immer in einem neuen Verständigungsprozess zu bewältigen ist.

Allerdings muss man in Deutschland das gegenwärtige Zusammenleben von Menschen mit afrikanischer Abstammung und ihre Lage besonders aufmerksam beobachten. Denn die pauschalen Aussagen über Integration - Sprachbeherrschung, Zugang zur Bildung, Arbeit usw. sprechen nicht alle Opfer von Diskriminierung in gleicher Weise an oder decken gar das ganze Spektrum ab. Integration kann nur in aktiver Zusammenarbeit mit MigrantInnen stattfinden. Diese Einzigartigkeiten der Minderheiten sollten jeweils als Ressource erkannt, verstanden, moderiert, akzeptiert und vernetzt werden. Besonderheiten (natürlich nur solange sie im Einklang mit dem Grundgesetz stehen) sollten nicht nur toleriert, sondern auch gefördert werden, da sie als ein Teil des Ganzen zu verstehen sind. Selten wird bei Integrationsdiskussionen das ganze Spektrum betrachtet. So wird den Formen des Zusammenlebens der Afrikaner und Afrodeutschen in den Medien und in der Politik in Deutschland kaum Aufmerksamkeit geschenkt. Oft ist die Diskussion in den Medien einseitig - und wenn überhaupt, steht häufig die dramatische Darstellung der afrikanischen MigrantInnen im Kontext mit der Migration von Flüchtlingen über das Mittelmeer. Man weiß ja heutzutage: Das Mittelmeer ist der einzige Ort, wo sich europäische Panzer und Menschen aus Afrika friedlich begegnen. Was für eine Begegnung! Die Panzer sind unterwegs nach Afrika während die Flüchtlinge aus Afrika auf ihrem Weg über das Mittelmeer nach Europa sind. Sind sie dann aber hier in Deutschland schlussendlich angekommen und sprechen noch dazu gut Deutsch, dann bekommen auch sie von uns ein Kompliment. Du sprichst aber echt gut Deutsch. Kompliment!

Was dabei aber leider vergessen wird: Die Formen und Herausforderungen des Zusammenlebens mit schwarzen Menschen erfährt kaum Beachtung.

Mit Deutsch tun sich die Einheimischen auch schwer

z' Nächt isch no Wintr gwesa, heit isch scho Früaling
Ostallgäu

Ein deutscher Pfarrer hatte bei einer Trauung mal gesagt: »In dieser Trauer wollen wir singen ...« Welch menschlicher Fehler! Und vielleicht ist diese Aussage in Hinblick auf die steigende Scheidungsrate heute gar nicht mal so falsch. Dennoch hat sich das Traupaar höchstwahrscheinlich gesagt: »Um Gottes Willen!« Es hätte natürlich auch andersrum passieren können. Dann hätte der Pfarrer bei einem Trauergottesdienst gesagt: »In dieser Trauung wollen wir singen ...« - »Um Himmels Willen!« Schon wieder! Die zweite Variante empfänden manche vermutlich besser, als das, was der Pfarrer tatsächlich gesagt hatte.

Wenn derartiges schon bei Muttersprachlern passiert, dann kann man sich vorstellen, was es für einen Migranten heißt, deutsche Worte auszusprechen.

Laut Untersuchungen werden Fehler vom Pfarrer bei Kasualien wie Trauung, Trauer, Taufe oder Konfirmation leider eher im Gedächtnis behalten, als die Predigt. Das war dann schon eine Herausforderung!

Viele Erwachsene lachen über Kinder, wenn sie die Artikel nicht richtig anwenden. Da geht es den Kleinen wie den Fremden. Ein Kind hatte einmal eine gute Lösung gefunden. Das Kind sagt zu allem *der*, *die* und *das* - auf einmal. Zum Apfel sagte es *der-die-das Apfel*. Da kann sich der Erwachsene selbst aussuchen, was richtig passt. Solche Tipps hätten wir am Anfang gut gebrauchen können, dann hätten die Einheimischen auch bei uns wählen können was passt. Kinder machen doch viel Spaß, aber selbst so manch ein Erwachsener sagt *der-die-das Joghurt*! Das ist dann genau der gleiche Fall. Diesmal darf sich dann allerdings das Kind aussuchen, was richtig passt.

Wie gesagt, manche Erwachsene tun sich auch nicht leicht, beispielsweise wenn sie zu mir sagen: »Herr Kileo, wenn du wieder Zuhause bist, rufen Sie mich bitte an.« oder wie oft: »Herr Kileo, wo kommst du denn eigentlich her?« Da haben wir dann diesmal eine Vermischung von Sie und Du – ein ganz schweres Kapitel!

Oder dann sehr grob und doch ohne schlechtes Gewissen hier in Schwaben: DER Butter, DAS Teller, DER Schokolade!

Bei der Butter habe ich mittlerweile herausgefunden, wie es zu den unterschiedlichen Artikeln gekommen ist: In Frankreich und Italien ist die Butter nämlich männlich - le beurre und il burro. Es ist also kein Wunder, dass es hier in Schwaben *der Butter* heißt. Ganz klar: Andere Länder, andere Sprachen! Doch! Denn - man mag es kaum glauben - woanders in Deutschland ist es sogar noch schlimmer, da heißt es dann: DER Sofa, DER Marmelade, DER Zwiebel usw. Tja, wenn es so schwer ist, dann hat der Bauer vielleicht doch recht, wenn er im alten Witz auf den Amerikaner folgendermaßen reagiert:

Kommt ein Amerikaner auf einen Bauernhof.

Amerikaner: »Hello Mister!«

Bauer: »Ich bin nicht der Mister, ich bin der Melker.«

Wir lernen: Es gibt Umgangssprache, Hochdeutsch und Fachsprache. Die Gelehrten sprechen Fachsprache. Das ist doch elegant. Übertrieben finde ich es aber dann wenn aus einer Toilette eine Bedürfnis-Anstalt wird und man Sauberkeitshaltung als Anweisung bei der Benutzungsordnung aufführt. Hier gibt es sicherlich auch bei den Einheimischen Missverständnisse.

Fehler macht man also nicht nur in fremden Sprachen, sondern auch in der eigenen Muttersprache. Nicht glauben konnte ich jedoch, als mir gesagt wurde, dass ich deutlicher spräche als viele Deutsche - na ja, zumindest im Allgäu stimmt das irgendwie schon. Deshalb hatten viele Menschen Mitleid mit uns, als wir den Sprachkurs in Bochum im Ruhrgebiet machten, wir aber erzählten, dass wir in Bayern arbeiten sollten. Selbst die Lehrer waren skeptisch. Skeptisch, ob wir in Bayern den Dialekt (der bei uns als eigenständige Sprache gelten würde) verstehen könnten. Das hat uns schon ein bisschen Angst gemacht. Manche haben auch darauf hingewiesen, dass die Menschen in Kaufbeuren nochmals eine andere Sprache sprechen. Ja! Nicht nur Bayerisch sondern dann auch noch Allgäuerisch! Donnerwetter! Da stieg das Lampenfieber gleich nochmal an. Wir befürchteten, dass uns die Verständigung nicht leicht fallen würde. Doch es gab auch viele Menschen, die uns ermutigten. Eine Frau hatte mir einmal gesagt: »Wenn du richtig sprichst, sprichst du wie ein Deutscher, und das wird einfach langweilig.« Natürlich meinte sie nicht, dass ich nicht besser werden solle, sondern dass ich das schaffen könne.

Wie viele Sprachen hier aber eigentlich gesprochen werden, wurde uns erst über das Fernsehen klar. Wir schauten gelegentlich Sendungen in Regionalprogrammen und als wir dort die Sprache hörten, glaubten wir manchmal nicht, dass das wirklich Deutsch sein sollte, was da gesprochen wurde. Um das Gesagte zu verstehen, hätten wir doch so manches Mal einen Untertitel benötigt. Als dann jedoch tatsächlich einmal ein Bayer in einer überregionalen Sendung - mit Untertitel - sprach, hatten wir ihn perfekt verstanden. Sehr beruhigt hatte uns in Hinblick auf unsere Sprachprobleme folgende Geschichte, die einer Bekannten aus Preußen in Bayern passierte. Um einen Kontrast zu ihrer platten Landschaft zu haben, machten sie ein paar Jahre mit ihrem damals etwa dreizehnjährigen Sohn regelmäßig in den Herbstferien Urlaub in Bayern. Diesmal hatten sie sich für den Königsee entschieden. Nach der langen Anreise von ca. 1000 km kamen sie abends endlich an, waren hungrig und durstig und entschieden sich deshalb für einen Gasthof. Die Eltern bestellten sich ein helles Bier und da ihr Sohn zu dieser Zeit gerne Malzbier trank, bestellten sie dieses für ihn. Aber mit Malzbier konnte die Bedienung gar nichts anfangen. Zur weiteren Erklärung erläuterten sie, dass es sich dabei um ein

Bier für Kinder und stillende Mütter handle - also, ein dunkles Bier für Kinder! Die Bedienung guckte etwas ungläubig, zuckte mit den Schultern und notierte die Bestellung. Nach einer Weile kamen schon die Getränke und auch bald das Essen. Die Familie ließ es sich gut schmecken und sie waren bester Dinge, als der Sohn plötzlich sagte: »Mir ist irgendwie ganz komisch im Kopf - so ein Kreisen ist das ...« Erst daraufhin probierten die Eltern sein Bier und stellten fest, dass er kein Malzbier, sondern das dort übliche dunkle Starkbier erhalten hatte. Ihr Bier hingegen war weniger alkoholhaltig als sie es in Norddeutschland gewohnt waren. Anders gesagt, wenn man mit Kindern woanders ist, muss man genau darauf achten, was gesagt wird und was gemeint sein kann.

Wir glauben bis heute, dass es für uns wahrscheinlich besser war, dass wir die Sprache in Norddeutschland gelernt haben. Es ist belegt, dass wer die Sprache in der Nähe von Hannover gelernt hat, die Gelegenheit hat, reines Hochdeutsch zu sprechen. Viele akzeptierten diese These mit großer Skepsis. Trotzdem mussten wir in Bayern die Sprache noch einmal neu lernen. Es war sehr deutlich, dass wir hier erneut fremd waren, denn in Norddeutschland sprachen die Menschen ja anders. Die Norddeutschen (alle nördlich von Bayern) sind genauso fremd wie wir, wenn sie in Bayern sind. Sie sprechen anders als die Menschen hier, genauso anders, wie die aus der Schweiz oder aus Österreich. Die Norddeutschen sind hier dann regelmäßig schockiert, wenn sie hören, dass Menschen tatsächlich mit Artikel angesprochen werden können und es ihnen bisher noch nicht geschadet hat. So ist es hier vollkommen normal von der Birgit, dem Thomas, der Linda usw. zu sprechen.

So begannen wir im Allgäu dann langsam unseren zweiten Sprachkurs. Diesmal ohne Artikel und spezifischem System.

Trotzdem - dieser Kurs war am schwierigsten, da wir die Sprache lernten wie die Kinder. Man muss den ganzen Satz einfach schlucken. Es ging langsam:

- **It viel rede, ebbas due**: Nicht viel reden, sondern etwas tun.
- **It gschimpft isch globt gnue**: Nicht geschimpft ist genug gelobt.
- **z' Nächt isch no Wintr gwesa, heit isch scho Früaling**: Gestern war noch Winter, heute ist schon Frühling.
- **I gang blos gschwind do num**: Ich gehe nur für kurze Zeit da hinüber.

Das war nicht langweilig. Richtig erschüttert waren wir jedoch, als wir in einer Zeitung lesen mussten, dass man im Allgäu nicht etwa einfach sagen darf: »Es regnet.«

Nein, man muss spezifizieren, ob es etwa *trepfnet, rengelet, soicht, schiffet, sauet* oder *kieblet*. Das war dann wieder der *Hammer*. Bis heute weiß ich nur, dass man, bei wenig Regen es *trepfnet* und bei zuviel Regen *es kieblet* sagt. Mehr nicht. Trotzdem bin ich damit oft besser als Viele.

Wenn man zwei bis drei Sätze spricht, merken die Bayern sofort: Der kommt nicht aus dem Freistaat. Es ist also kein Wunder, dass eine Frau aus Hamburg, die nach München zog, nach zwei Jahren in Bayern gefragt wurde, ob sie sich schon eingelebt habe. Umgekehrt hat sich allerdings auch niemand gewundert, als jemand in Norddeutschland seine Frau mit den Worten vorgestellt hatte: »Meine Frau hat Migrationshintergrund, sie stammt aus Bayern.«

Die aus Franken drücken das vielleicht einfacher aus: »It's nice to be a Preuss, it's higher to be a Bayer - Gott sei Dank, ich bin ein Frank!«

So unterschiedlich sind die Einstellungen zwischen Nord und Süd - sie machen mehr aus als *Servus* und *Moin Moin*. Eine Bayerin versuchte dies so zu erklären: »Ich empfinde es eher so, dass Norddeutsche viel reden, ohne zu denken, und dass sie oft mehr scheinen wollen, als sie sind. Das ist bei Allgäuern nicht so typisch.«

In Bayern und mit den Bayern haben wir bis heute also viel erlebt und überlebt. Ich war mal in Tübingen. Da wurde mir oft gesagt, dass es sehr bayerisch klinge, wenn ich spreche. Na dann - ich wohne schließlich in Bayern.

Allerdings ist Bayern in sich auch nicht einheitlich. Bei einem Mittagsessen in einer Familie hatte die Gastgeberin gesagt: »Heute geht es hier international zu: Menschen aus Schwaben, aus Franken und aus dem Allgäu essen zusammen.«

Hieran erkennt man deutlich, dass Bayern ursprünglich aus mehreren Volksstämmen bestand, was wahrscheinlich gerade in Bayern dem Thema Integration eine besondere Bedeutung gibt. Man hätte scherzhaft auch sagen können, dass die Franken im Allgäu Integrationsmaßnahmen brauchen. In Franken ist es zum Beispiel nicht üblich, dass alle Felder eingezäunt sind, wie im Allgäu. Man kann in Franken einen Spaziergang in alle Himmelsrichtungen machen - gerade so wie man will. Im Allgäu leider nicht. Hier bräuchten die Franken wieder eine Integrationshilfe, denn sie wären vermutlich schockiert, dass man im Allgäu nur dem Wanderweg folgen darf. Sonst gibt es Ärger mit dem Bauern. Ärger zwischen einem Allgäuer und einem Franken wäre sicherlich sehr interessant mit anzuhören. Denn es ist nicht auszuschließen, dass beide Parteien einen Dolmetscher benötigten. Einfach so würde es höchstwahrscheinlich nicht gehen. Denn Franken sprechen eine völlig andere Sprache als die Allgäuer. Wahrscheinlich können die Allgäuer besser mit den Schweizern reden als mit den Franken. Eine Aussage wie: »z' Nächt isch no Wintr gwesa, heit isch scho Früaling« hätte sicherlich so manch ein Franke nicht verstanden. Denn in Franken würde diese Aussage folgendermaßen lauten: »Gesdän woa nu Windä, heit is scho Frühling«

Doch es wird noch komplizierter! Denn selbst innerhalb Frankens gibt es noch Unterschiede. Früher hatte man in Bayern gebetet: »Man muss Gott für alles danken, auch für einen Oberfranken.« Interessant wird es, wenn die Franken selbst derart beten: die aus Mittelfranken beten für unten und oben, die von oben für mittel und unten usw. Am Anfang klang das für mich wie ein Witz. Man müsste doch annehmen, dass die Franken alle gleich sind. Noch witziger wurde es aber, als ein Pfarrer aus Mittelfranken in Unterfranken arbeitete. Er sagte, dass er den Dialekt in

Unterfranken nicht richtig verstehe. Und er bemühe sich ihn zu verstehen, aber nicht zu sprechen, da er Angst habe sich den Dialekt anzugewöhnen. Er hatte Angst, dass er später wieder woanders in Franken arbeiten würde. Er fühlte sich, als ob er im Ausland arbeitete, weil er in Unterfranken arbeitete. Auch die Worte einer Fränkin verdeutlichen diese Tatsache: »...wenngleich mein Dialekt irritierte, da ich ja nicht Fränkisch im mittelfränkischen Sinne sprach und selbst mein unterfränkisch nach jahrelangem *Hochdeutschtraining* zur Verständniserleichterung in Berlin skeptisch beäugt wurde. Ich kann an dieser Stelle alle beruhigen: Im Herzen bin ich Fränkin und mittlerweile fühle ich mich nicht nur als Unter- sondern auch als Mittelfränkin!«

Nicht nur Franken ist in sich noch einmal in verschiedene *Länder* gegliedert. Manchmal brauchen auch die Allgäuer einen Dolmetscher untereinander. Im Ostallgäu sprechen die Menschen ein bisschen anders als im Oberallgäu. So lautet der bereits bekannte Satz *Gestern war noch Winter, heute ist schon Frühling* in den verschiedenen Regionen des Allgäus folgendermaßen:

- **Westallgäuerisch:** Geaschtig isch no Wintr gsi, heit isch scho Frieling
- **Oberallgäuerisch:** Nächt ischt no Wintr gwea, huit isch schu Frieling
- **Ostallgäuerisch:** Nächt isch no Wintr gwea, heit isch scho Frialing
- **Vorarlbergerisch (Österreich):** Gescht'd isch no Wintr gsi, hüt isch scho Früalig

Also, was wir in Bochum gelernt hatten, wurde nicht überall im Allgäu angewandt. Die Bauern sprechen ihre eigene Sprache - Dialekt - genauso wie die Kinder. Auffällig war es dann, wenn wir eine Übersetzung gebraucht haben, als wir mal in der Schule waren. Lehrer müssen vielleicht beide Sprachen lernen - Allgäuerisch und Hochdeutsch. Als die Kinder mir die Fragen in der Schule auf Allgäuerisch gestellt hatten, habe ich nichts verstanden. Hier musste der Lehrer die Fragen übersetzen - von Allgäuerisch zu Hochdeutsch. Es wäre auch zu schade gewesen, Fragen wie: »Bist du am ganzen Körper schwarz?« oder »Zieht man in Afrika schwarze Anzüge an?« zu verpassen.

Beruhigt waren wir jedoch, als wir den bekannten Spruch hörten, dass Baden-Württemberger alles können - außer Hochdeutsch. Das heißt, woanders ist es auch nicht viel besser. Andererseits fragten wir uns schon: Spricht man dort tatsächlich wieder eine andere Sprache?

Deutsch ist also auch für die Einheimischen nicht langweilig. Noch schlimmer sieht die Sachlage im Norden aus. Ich sage nur Plattdeutsch. Ein Predigt hört sich dort etwa so an: »Ji ward mi sööken un wenn ji mi söökt mit jo ganze Hart, denn will ik mi ok finnen laaten.« Auf Hochdeutsch hieße das: »Ihr werdet mich suchen und finden, denn wenn ihr mich von ganzem Herzen suchen werdet, so will ich mich von euch finden lassen.« (Jeremia 29,13)

Natürlich ist die Sprache auch eine wichtige Komponente um die Mentalität der Menschen zu begreifen. Auch wenn der soziologische Begriff *Mentalität* in diesem Buch nur sehr eng im Sinne der Definition von *kollektiven Denk- und Verhaltensmustern* angewandt wird.

Also wenn Deutschland so interkulturell ist, wie es seine Sprachenvielfalt belegt, dann kann man nur schwer über eine *einheitliche Deutsche Mentalität* sprechen. Insbesondere wenn die Zahl der Einwandern hier weiter steigt oder steigen soll. Dennoch gibt es ja durchaus Gemeinsamkeiten und entwicklungsgeschichtliche Erfahrungen, die alle Menschen hier prägen. Auch wenn unsere Persönlichkeit und unser Glaube für uns wichtig oder sogar entscheidend sind. Wenn die Kultur sich ändert, dann ändern sich auch die Denk- und Verhaltensmuster. Auch in den afrikanischen Ländern ist diese Multikulturalität und Interkulturalität deutlich zu beobachten, so gibt es beispielsweise in Tansania mehr als 120 Sprachen – richtige Sprachen. Dazu gibt es, wie hier, verschiedene Dialekte. Meine Frau und ich sind Chagga, sprechen aber derart verschiedene Dialekte, dass wir uns auf Chagga überhaupt nicht richtig unterhalten können. Wir unterhalten uns auf Suaheli, unserer Landsprache. So liegen zwischen zwei Dialekten manchmal regelrecht Welten ...

Essen die Afrikaner auch Sauerkraut?

Allein essen ist wie allein sterben
Mamprussi, Ghana und Togo

Essen die Afrikaner eigentlich auch Sauerkraut?
Nein. Überhaupt nicht. Die wissen auch nicht, dass es Sauerkraut gibt. Was essen sie denn dann? Brezel mit Butter? Auch nicht.

Die Afrikaner essen etwas anderes.

So, vielfältig wie die Kulturen in Afrika sind, so vielfältig ist auch die afrikanische Küche. In Tansania (ein Land etwa dreimal so groß wie Deutschland) bestehen über 120 Kulturformen nebeneinander und jede dieser Kulturen hat ihre eigene spezifische Küche.

Die Chagga, das Volk am Hang des Kilimandscharo, essen hauptsächlich gekochte Banane mit Bohnen oder Rinderfleisch. Es gibt vor Ort, mehr als 28 Sorten Bananen, und viele davon kann man gut mit Fleisch oder Bohnen kochen. Aus diesen Bananen wird auch ein Bier gemacht, das für dort sehr typisch ist. Das Bier heißt *Mbege* und wird aus Bananen und Hirsemehl gebraut. Auch Reis wird am Kilimandscharo gegessen. Reis, Fleisch (Rind oder Hühner) und Gewürze werden zusammen gekocht. Das Gericht heißt *Pilau.* Bei einem Fest erwartet jeder, dass *Pilau* serviert wird.

Ganz nah neben den Chagga am Kilimandscharo wohnen die Massai. Die ernähren sich hauptsächlich von Rind- und Ziegenfleisch und von Milch. Wenn hochwürdige Herren und Damen zu Gast sind, gilt eine im Ganzen gegrillte Ziege als Zeichen höchsten kulinarischen Genusses. Diese Tradition hat sich in vielen Orten in Tansania ausgebreitet. Natürlich werden im ganzen Land auch Kartoffeln gegessen, obwohl die nicht überall wachsen. Maniok, Süßkartoffeln und andere Kartoffelsorten werden zum Hauptessen oder als Beilage des Frühstücks zum Tee verzehrt. Lediglich Maniok kann dabei keine Beilage sein. Auch Mais ist in Tansania ein Grundnahrungsmittel. Wenn man keinen Mais im Vorrat hat, entsteht das Gefühl, dass man irgendwann verhungern wird. Überall in Tansania wird *Ugali* gegessen. Das ist ähnlich wie Polenta und wird ohne Salz und Öl gekocht. Dazu gibt es dann Gulasch, Bohnen und anderes Gemüse. *Ugali* kennt jeder in Tansania. Es wird sehr oft in der Schule als Hauptgericht gegessen. Gemüse und Obst kauft man meistens nicht, da fast jede Familie im Dorf einen kleinen Gemüse- und Obstgarten hat.

Gesunde Ernährung wird zunehmend ein Thema in Tansania. Aber die Möglichkeiten, eine einseitige Ernährung zu vermeiden, sind beschränkt. Die Globalisierung bestimmt auch die afrikanischen Märkte, da man wenig Zugang zum Weltmarkt hat. Man isst oft nur das, was man selbst angebaut hat. Dabei besteht die Gefahr, dass man sich einseitig ernährt. Begriffe wie Bio oder Fair-Trade sind vielen Menschen in Tansania fremd. Aber die Tansanier brauchen diese Begriffe normalerweise nicht: Sie leben sie. Andere Länder - andere Sitten - andere Speisen!

Wir lernen also langsam, als Afrikaner den Geschmack von Sauerkraut zu goutieren. An unserem ersten Tag in Deutschland wurden uns Knödel oder ähnliches, ich bin mir nicht mehr sicher, mit Sauerkraut als Mittagsessen serviert. Mit dem Sauerkraut wurde uns klar, dass wir wirklich in einem fremden Land angekommen sind. Dieses Erlebnis war wieder *der Hammer*. Das war eine echte Begrüßung. Wir wussten damals auch nicht, dass es Sauerkraut heißt. Mit der Begegnung des Sauerkrautes war für uns klar, dass uns die Esskultur hier überraschen würde. Aus Höflichkeit - da es der erste Tag in Deutschland war, haben wir es gegessen - und dann auch das gesagt, was die anderen oft sagen - also: »Mmmhh, es ist saulecker und schmeckt sehr gut.«

Wir wollten alles für gut befinden. Wir hatten schon Tipps bekommen, wie man sich nach dem Essen benimmt. Um höflich zu sein! Bestecke sollen richtig auf den Teller gelegt werden und zum Kellner wird gesagt:

»Danke schön, es hat gut geschmeckt.« - selbst dann, wenn es nicht gut geschmeckt hat. Ja, man soll sogar Trinkgeld dazu geben.

An diesem ersten Tag mussten wir dann auch diese Unehrlichkeit wie im Restaurant praktizieren.

Sauerkraut und Knödel! Das vergessen wir nicht.

Natürlich war für uns auch kaltes Essen abends und sogar Brot sehr ungewöhnlich. Wir bekamen damals Einladungen zum Abendessen in verschiedenen Familien. Manchmal bestand die Einladung schon seit zwei Wochen. Zwei Wochen reichen doch sicherlich, um etwas ernsthaft vorzubereiten! Aber was wurde zu diesen Einladungen serviert? Es wurde lediglich verschiedenes Brot und Käse serviert. Das war eine Überraschung. Sicherlich gab es auch Ausnahmen. In manchen Familien wurde uns schon etwas Warmes am Abend serviert.

Bei uns isst man Brot abends, wenn man sonst nichts zum Essen hat. Käse isst man bei uns normalerweise nicht. Ich selbst hatte noch nie zuvor in meinem Leben Käse gesehen - geschweige denn gegessen. Unglaublich wenn man dann plötzlich ins Allgäu kommt und mehr als 25 verschiedene Käsesorten vor Augen hat:

Adelegger, Allgäuer Emmentaler, Allgäuer Bergkäse, Alpkäse, Backsteinkäse, Weißlacker und und und ...

Nachdem wir zwei Tage in Deutschland waren, wurden wir dazu eingeladen an einer Sitzung teilzunehmen. Da wurden dann, wie es anscheinend üblich ist, gesalzene Brezeln mit Käse und Butter angeboten. Vielleicht war das sogar eine Brezel mit Allgäuer Emmentaler Käse. Wer weiß?

Erstaunlicherweise aßen die Menschen sie ganz fröhlich. Mit Butter hatte die gesalzene Brezel offensichtlich allen geschmeckt. Ich jedoch habe nur ein kleines Stück probiert und gedacht: »Das ist nichts für mich!« Nach einem Monat sind wir dann nach Norddeutschland gegangen – nach Bochum zu unserem Sprachkurs. Hier haben wir seltsamerweise fast nie Brezeln gesehen. Wir waren aber auch nie große Brotfans. Nach einem Jahr zogen wir dann ins Allgäu, wo bei Tagungen oft Brezeln gegessen wurden. Anfangs war ich fast jede Woche in einer Sitzung und immer wurden Brezeln mit Butter angeboten. Manchmal nur Brezeln.

Offensichtlich haben die Menschen hier das Gefühl, dass, wenn sie Brezeln sehen können – manchmal ja sogar mit Butter, ihr Leben gesichert ist. Klar ist: Brezeln und Butter sichern eine erfolgreiche Sitzung ab. So war der Eindruck. Und so sehe ich es auch bis heute.

Ich hatte schon richtig im Kopf: »Wenn ich es nicht lerne, mich mit der Brezel anzufreunden, dann werde ich verhungern.« Es geht hier schließlich nicht nur um eine Sitzung. Nein, es geht auch um mehrere aufeinander folgende Sitzungen.

Ich habe langsam mit der Brezel ohne Salz angefangen und ich muss zugeben: Es hat eigentlich nicht geschadet. Nach einer Weile aßen meine beiden Buben sogar gesalzene Brezeln. Inzwischen, nach etwa zwei Jahren, gehören Brezeln und Brot auch zu unserem Hauptmenü. Wir essen sogar zu Abend Brot. Meistens geschieht das, wenn zu wenig Zeit zum Kochen bleibt.

Auch wenn mich Kässpatzen anfangs irritierten, lerne ich langsam von meiner Frau, wie man sie zubereitet. Sie hat schon vor längerer Zeit einen Kochkurs absolviert, in dem die Kunst des Kässpatzenkochens erklärt wurde. Die Wienerle dagegen verzauberten unsere Sönne. Gott sei Dank gibt es sie mittlerweile auch in Tansania. Insofern wird die Welt für unsere Zwei nicht untergehen, wenn wir mal zurückkehren.

Es ist natürlich klar, dass die Menschen an ein paar Nahrungssorten gewöhnt sind. Was man gerne isst und dies dann auch über eine lange Zeit hinweg, verzaubert die Zunge, und man will nichts anderes mehr. Wir mussten das auch feststellen, als wir für Bekannte unsere tansanischen Gerichte gekocht hatten. Sie haben ihnen kaum geschmeckt. Vielleicht war *Ugali* mit Gulasch aber auch zu ungewohnt für die Menschen hier.

Also haben wir es mit dem Kilimandscharo-Kaffee probiert – leider mit genauso wenig Erfolg. Dabei ist der Kilimandscharo-Kaffee doch wirklich das Beste. Warum er unseren Gästen nicht geschmeckt hat, ist bis heute ungeklärt. Vielleicht liegt es auch daran, dass sich manche hier bereits an die künstlichen Geschmacksstoffe der Kaffee-Röstindustrie gewöhnt haben. Wie üblich, unsere Augen sehen nur, was wir glauben und wir glauben dann, was wir sehen. So ist es auch mit unserer Zunge. Ihr schmeckt nur was sie auch glaubt. Da verpassen wir dann vieles.

Während der olympischen Spiele in China habe ich im Fernsehen gesehen, wie die westlichen Gäste Probleme hatten mit den Stäbchen zu essen. Es ging einfach nicht. Suppe oder Reis mit solchen Stäbchen zu essen, war für sie fast unmöglich. Das war interessant für mich zu beobachten, da ich bereits zuvor in Deutschland gesehen hatte, wie die Koreaner und Chinesen Probleme gehabt hatten, mit Messer und Gabel zu essen. Deshalb habe ich mir genau angeschaut, wie man mit unterschiedlichen Bestecken essen kann. Bei uns in Afrika isst man ja mit den Händen oder mit Holzlöffeln. Und mittlerweile mit Gabel und Löffel. In der Grundschule mussten junge Männer als Handwerk lernen, wie man Holzlöffel macht. Unsere Holzlöffel in Afrika, Gabel und Messer aus westlichen Ländern und die zwei Stäbchen aus Asien waren ein Symbol für das 50-jährige Jubiläum von *Brot für die Welt.* Das daraus entstandene Bild empfand ich als tolle künstlerische Arbeit. Es war schön zu sehen, dass Afrika auf diesem Bild Orient und Okzident zusammen gebracht hatte - ein Gefühl der Gemeinschaft.

Man kauft so viel, oft ohne Plan und Ziel. Die Kinderzimmer zeigen, dass offensichtlich alles gekauft wird, was Kinder angeblich wollen. Einmal sind wir nach Berlin gefahren. Im Zug kamen wir mit einer Frau ins Gespräch, die ebenfalls nach Berlin fuhr. Sie gab uns Tipps, welche Orte in Berlin sehenswert wären. Orte wie das Brandenburger Tor, den Bundestag, die Friedenskirche, Reste der Berliner Mauer ...

Sie hatte uns auch gefragt, ob wir Lust hätten, einen der Luxusläden in

Berlin zu besuchen. Da wir aus den Ländern des Südens kämen, meinte sie, dass wir durch den Besuch eines dieser Läden einen Eindruck bekommen könnten, was Luxus heißt und wie ungerecht die Welt ist. Na ja, damals hatten wir keine Ahnung vom so genannten EV-Programm, dem Erbe-Vernichtungsprogramm, in dem Senioren in ihrer zweiten Lebensphase die Möglichkeit haben, ihr Vermögen zu verprassen. Dazu gehört natürlich, neben vielen Reisen auch der Einkauf von all diesen wertvollen Sachen. Nun, damit kann man die Existenz dieser ganzen Luxusboutiquen wohl erklären.

Obwohl sie nur einige Läden genannt hatte, haben wir viele Geschäfte dieser Art gesehen, die alle lauter Dinge verkaufen, die kein Mensch jemals braucht. Man könnte dann die Worte von Nicolas Sebastien Roch de Chamfort gut verstehen. »Die Gesellschaft besteht aus zwei großen Klassen: Die eine hat mehr Appetit als Essen, und die andere mehr Essen als Appetit.« Das kann man schon als Ungleichheit bezeichnen. Ungleichheit! Ungleichheit ist ja naturgegeben. Aber soziale Ungleichheit ist eine Konvention. Sie ist ein Übereinkommen. Soziale Ungleichheit haben wir selbst geschaffen. Wir sollten uns in Erinnerung rufen, was Charles Darwin im 19. Jahrhundert geschrieben hatte: »Wenn das Elend der Armen nicht durch die Gesetze der Natur geschaffen wurde, sondern durch Institutionen, dann haben wir große Sünde auf uns geladen.« Das bedeutet, dass Darwin um diese naturgegebenen Ungleichheiten wusste. Dass manche groß sind und manche klein sind, dass manche Frauen und manche Männer sind, doch es kümmerte ihn nicht. Aber die Tatsache, dass der eine arm ist und der andere reich, der eine Essen hat und der andere nicht, betrübte ihn. Denn das ist nicht natürlich, sondern vom Menschen verursacht.

Das Essen schmeckt doch besser, wenn alle essen.

Allein essen ist wie allein sterben!

Der Blick auf den Berg geht oft mit einem Gebet einher wie Fritz Pawelzik es verfasst hat:

Jeden Morgen, gnädiger Herr,

hebe ich meine Augen auf zum Kilimandscharo und bete zu Dir. Jeden Morgen erinnert mich unser Berg an Dich. Der Berg, der uns alles gibt, was wir brauchen: Regen, Wälder, Kaffee, Bananen und Mais.

Herr, vor vielen, vielen Jahren sind wir auf diesen Berg vor unseren Feinden geflohen, aber wie hast Du uns mit diesem Berg beschenkt.

Du hast uns Dein Evangelium auf diesen Berg geschickt, und einer Deiner Missionare hat eine Tasche voll Kaffee zu uns geschmuggelt, und dieser Kaffee hat uns reich gemacht.

Herr, ohne Deinen Berg könnten wir nicht mehr leben. Achtundzwanzig Sorten Bananen gibst Du uns zu essen, Kaffee zum Verkaufen, Touristen, die den Berg besteigen und Geld hier lassen. Und wo schmecken schon die Ziegen so gut wie bei uns? Herr, alles ist herrlich hier am Berg, sogar das Klima. Und das alles wegen Dir.

Herr, immer wenn ich wegfahren muss, vermisse ich Deinen Berg so sehr. Ich habe Heimweh nach ihm. Auch wenn ich nur bis nach Tanga fahre, sehne ich mich schon nach Deinem Berg zurück. Ich fahre dann schnell wieder nach Hause. Und wenn dann die Schneekuppe am Himmel steht, dann bin ich glücklich. Dann singe ich Halleluja, Du guter Herr.

Herr, die Fremden besteigen ohne Respekt Deinen Berg. Sie wollen nur hinauf. Doch unsere Bergführer, die sie hochschleppen, singen Dir zum Ruhme dauernd Choräle. Von Deinem Berg leben wir, wie wir von Deiner Gnade leben.

Herr, ich hebe meine Augen auf zu Deinem Berg, von dem so viel Gnade kommt.

Amen!

Oldonyo Lengai, der Berg Gottes bei den Massai.

Auf dem Gipfel des Kibo, dem höchsten Berg des afrikanischen Kontinents.

Berggottesdienst auf dem Nebelhorn bei Oberstdorf.

Partnergäste aus Arusha (Tansania) auf dem Nebelhorn.

Der Massaichor in Lindenberg -
vielfältige Menschen vereint durch den Gesang.

Auftritt des Massaichors vor der Johanneskirche in Marktoberdorf.

Links: Asante Christus Kapelle in Kranzegg.
Rechts: Berggottesdienst in Fischen.

30-Jahre Jubiläum der Asante-Christus-Kapelle

Am Hang des Kilimandscharos wachsen 28 verschiedene Bananensorten.

Kaffeepflanzen, aus denen der bekannte Kilimandscharo-Kaffee hergestellt wird.

Emmanuel Kileos erste Predigt auf Deutsch.

Emmanuel Kileo mit seinen Pfarrkollegen in der Dreifaltigkeitskirche Kaufbeuren.

Zeichen der Ökumene: Links die Dreifaltigkeitskirche, rechts die kath. Kirche St. Martin.

Gottesdienst in der evangelischen Dreifaltigkeitskirche Kaufbeuren.

Dreifaltigkeitskirche in Kaufbeuren.

Kirche der Heimatgemeinde Emmanuel Kileos in Laktore, Siha Sango in Tansania.

Pfarrer in Dodoma (Tansania).

Bei Mission EineWelt in Neuendettelsau.

Man verliert die meiste Zeit damit, dass man Zeit sparen will!

Der Mond bewegt sich langsam, aber schließlich hat er doch die Stadt überquert.
Aschanti, Ghana

Ein echtes Phänomen war es für uns, die Schnelligkeit hier zu erleben. Das Zackzack-Phänomen! Natürlich hatten wir schon davon gehört, doch wir hätten nie geglaubt, dass es so ausgeprägt ist. Man macht alles schnell.

Einfach schnell machen egal ob nötig oder nicht. *Einfach schnell.*

Wir hatten immer den Eindruck, dass die Menschen glauben, dass sie schon zu spät dran sind. Doch anscheinend ist es immer schon zu spät. Das war der Wahnsinn!

Eine Ruheständlerin, die ihre Nase vom Phänomen des *Einfach schnell Machens* voll hatte, hat gesagt: »Ich mache nichts mehr schnell - ich mache es.« In der Ruhe liegt doch die Kraft! Leider kam ihr diese Erkenntnis erst, als sie bereits im Ruhestand war.

Vielleicht sind die Menschen hier so geprägt, dass alles *Zackzack* gehen muss. Allerdings fanden wir nach einiger Zeit Hinweise dafür, dass es hier nicht immer so gewesen sein kann. Es gab auch hier mal den Gedanken: *Gott gab uns Zeit, über Eile hat er nichts gesagt.*

Heute ist hiervon jedoch nur noch wenig zu spüren. Jeder hat eine Armbanduhr und einen Wecker! Man will schließlich pünktlich sein. Ein derartiger Rhythmus ist für diejenigen, die es nicht selbst erlebt haben, so gut wie unerklärlich. Hier versucht man diese Gegebenheit durch den berühmten Spruch *Gott gab Europäern die Uhr und den Afrikanern die Zeit* zu relativieren. Man sagt, dieser Spruch komme aus Afrika. Ich glaube das nicht, auch wenn er angeblich erstmals in Afrika gesagt wurde. Aber das ist mein persönliches Problem und ein anderes Thema.

Als wir in der Sprachschule waren, sollten wir zum ersten Mal richtig erfahren, was es bedeutet in einer *Zackzack-Gesellschaft* zu leben.

Es wurde gelehrt, wie man die Uhr auf Deutsch liest. Und wir lernten, dass man bereits um 4:30 Uhr - also ganz früh morgens - fragen muss: »Wie spät ist es?« Schon so früh muss man sich also in Erinnerung rufen, dass man zu spät dran sein kann! Interessant war auch, wie man die Uhrzeit 4:30 Uhr ausspricht. Sicherlich kann man einfach sagen: »Es ist vier Uhr dreißig.« Komischerweise sagt man aber bevorzugt: »Es ist halb fünf.« Hier orientiert man sich nicht mehr an der Vier sondern an der Fünf. Das macht noch deutlicher, wie spät es bereits ist. Wir konnten es nicht glauben, als wir auch erfuhren, dass man sich auch schon um 4:25 Uhr an der Fünf orientiert. Man sagt: »Es ist fünf Minuten vor halb fünf«.

Doch nicht nur bei Uhrzeiten schreitet die Zeit permanent voran: So hatte sich auch eine minderjährige Migrantin beklagt, dass sie immer gefragt werde: »Wie alt bist du?« Selbst wenn man erst elf Jahren zählt, wird man gefragt, wie alt man ist. »Warum nicht: Wie jung bist du?«, fragte sie.

Tja, ich denke, sie war einfach zu spät dran, eine derartige Frage zu stellen, da sich hier alles stetig nach vorne orientiert. Die Richtung des Denkens wird hier überdeutlich: Nach vorne. Und solange es nicht übertrieben wird, ist dies auch gar nicht schlecht. Man interessiert sich nicht mehr für das bereits Geleistete, sondern nur für das, was noch zu leisten ist. Also: Nach vorne.

Übertrieben ist es jedoch, wenn Leute Besuche vermeiden, um Zeit zu sparen. »Statt dass jemand dich besucht, besuchst du ihn. So behältst du mehr Macht über die Zeit, als wenn du besucht würdest«, so wurde uns mal gesagt. So logisch das auf den ersten Blick zu sein scheint, so unsozial ist es doch, wenn alles nur noch am Zeitfaktor gemessen wird. Es sollte aber doch selbstverständlich sein, dass man im Umgang mit der Zeit auch auf Menschlichkeit achtet.

Aber: *Zeit ist Geld* - das ist bekannt.

Das folgende Gedicht (eines unbekannten Verfassers) veranschaulicht dieses Bewusstsein:

Um den Wert eines Jahres zu erfahren,

frage einen Studenten, der im Schlussexamen durchgefallen ist.

Um den Wert eines Monats zu erfahren, frage eine Mutter,

die ihr Kind zu früh zur Welt gebracht hat.

Um den Wert einer Woche zu erfahren,

frage den Herausgeber einer Wochenzeitschrift.

Um den Wert einer Stunde zu erfahren,

frage die Verlobten, die darauf warten sich zu sehen.

Um den Wert einer Minute zu erfahren,

frage jemanden, der seinen Zug, seinen Bus oder sein Flugzeug verpasst hat.

Um den Wert einer Sekunde zu erfahren,

frage jemanden, der bei den Olympischen Spielen eine Silbermedaille gewonnen hat.

Die Zeit wartet auf niemanden.

Sammle jeden Moment, der dir bleibt, denn er ist wertvoll.

Teile ihn mit einem besonderen Menschen und er wird dir noch wertvoller.

Jede Sekunde hat hier also eine unermessliche Bedeutung. Darüber sollten sich die Fremden im Klaren sein. Als Fremder bekommt man das anfangs nicht mit. Erst wenn man hier länger lebt, erfährt man das.

Mir wurde das richtig bewusst, als ich den Führerschein machen musste. Es ist egal, ob man Anfänger ist oder schon ein bisschen Erfahrung hat. Es wird erwartet, dass man an der Ampel keine Sekunde verschwendet. Man muss also ständig auf die Ampel schauen. Man sollte auch wissen, dass viele bereits bei Gelb fahren. Das ist vollkommen okay. Man wartet nicht bis die Ampel wirklich grün ist. Und falls man sich doch mal die Zeit nehmen will, dann wird gehupt. Wenn allerdings gehupt wird, geht einem als Anfänger vor Schreck mit sehr hoher Wahrscheinlichkeit der Motor aus und dann sieht es richtig düster aus. Dann sollte der Fahrlehrer schnellstmöglich den Motor anmachen. Eine richtige Katastrophe ist ein solcher Fall natürlich, wenn der Prüfer dabei ist. Als ich den Führerschein dann aber endlich bekommen hatte, machte es mir viel Spaß, zu beobachten, wie die Autofahrer an der Ampel reagieren. Ohne das kleinste bisschen Geduld.

Irgendwie mussten wir dieses Zackzack-Phänomen überleben. Ganz deutlich zeigte es sich im Gottesdienst. Dort ist alles geregelt. Innerhalb von 60 Minuten soll alles fertig sein. Es soll gegrüßt, gesungen, gebetet, gelesen, gepredigt und abgekündigt werden. Eine derartige Fließband-Arbeit fürchtete ich als Pfarrer. Ob ich das schaffen würde? Man setzt sich hierbei derart unter Druck, dass man gar nicht mehr alles richtig machen kann.

Am deutlichsten hatte ich das beobachtet, als der Gemeindepfarrer zusammen mit einem Fremden den Gottesdienst gestaltete. Einem Fremden, der offensichtlich nicht auf die Zeit achtete. Da konnte der Gemeindepfarrer kaum seine Nerven bewahren. Vielleicht beschwerten sich die Gemeindemitglieder danach. Die Predigt ist auch schon geregelt: Der/die PfarrerIn darf über alles predigen, was er/sie will - aber nicht länger als 15 Minuten. Das hat ja auch etwas mit der Konzentration zu tun. Man braucht ja auch immer etwas zum Anschauen dabei. Das schon! In einer Predigt kann man alles erzählen, sogar über seine Familie oder das Privatleben, das ist der Gemeinde anscheinend egal - solange es nicht mehr als 15 Minuten dauert. Sollte es etwas Besonderes im Gottesdienst geben, etwa einen Besuch oder einen neuen Chor, dann muss die Predigt halt der Situation zum Opfer fallen. Für Fremde wird deutlich: Nicht der Inhalt ist das Entscheidende, sondern wie lange es dauert. Ist etwas denn wichtiger oder richtiger, nur weil es wenig Zeit kostet? Luther sagte ja auch: »Ihr könnt predigen, über was ihr wollt, aber predigt niemals über vierzig Minuten.«

Als ich das erste Mal in Kaufbeuren - in der Dreifaltigkeitskirche predigen musste, kannte ich bereits das Gesetz: »Du kannst alles sagen, aber nicht mehr als 15 Minuten«. Ich hatte mich dann sehr bemüht, ein wirklich kurzes Predigtmanuskript vorzubereiten. Es würde ziemlich genau 15 Minuten entsprechen. Leider hatte ich aber nicht darauf geachtet, dass ich aufgrund der Fremdsprache noch langsam bin, weshalb die Predigt mindestens 25 Minuten dauerte. Da auch meine Frau das Gesetz kannte, begann sie nach 15 Minuten zu beten. Sie hatte sich doch gewünscht, dass ich es schaffe nach 15 Minuten von der Kanzel runterzukommen. Leider hat das nicht viel geholfen. Der Herr Hochwürden hat weiter gepredigt.

Glücklicherweise haben die höflichen Kirchbesucher mit dem neuen Pfarrer Geduld geübt. »Deine Predigt war sehr schön«, sagten viele. Erst nach einer Woche traute sich einer ehrlich zu sagen: »Deine Predigt war sehr schön – aber sehr lang.« Oh! Sogar noch nach zwei Monaten wurde mir mitgeteilt: »Dein Deutsch verbessert sich schnell. Bei deiner ersten Predigt haben wir bei der Lesung des Predigttextes nicht wirklich verstanden, was du gelesen hattest.« Oh!

Ich hatte zwar richtig gelesen, da war ich mir sicher, denn ich hatte mehr als eine Woche lang an jedem Tag in meinem Zimmer geübt, offensichtlich aber falsch betont. Alle Wörter richtig auszusprechen, sie aber nicht richtig zu betonen, ist in der deutschen Sprache so, als würde jemand eine Fremdsprache sprechen. Ich hatte also einige Herausforderungen vor mir - und insbesondere im Umgang mit der Zeit musste ich mich schnell verbessern.

Es wurde mir auch klar, dass manche Leute Angst haben, wenn ich den Gottesdienst gestalte. Denn es geht bei mir *polepole - langsam*. Was für eine Umstellung! Von *polepole* zu *zackzack*. Am Anfang hatten manche Mitgestalter - z. B. beim Kindergottesdienst - immer noch ein paar Minuten dazu gerechnet, wenn ich den Gottesdienst hielt, denn der Kindergottesdienst findet parallel zum Erwachsenengottesdienst statt.

Eines Tages sah mich eine Kindergottesdienstgestalterin in der Sakristei mit Talar. Die war vielleicht erschrocken. Da sie vom Kalender her wusste, dass ich eigentlich nicht dran war, war es für sie eine große Überraschung, mich mit Talar zu sehen.

Höflich fragte sie mich dann: »Predigen Sie heute auch?«

»Nein, ich singe nur die Liturgie«, antwortete ich.

Daraufhin hat sie noch ganz höflich eine Antwort erwidert und »Gott sei Dank!« gesagt.

Ich verstand nicht ganz, was sie mit *Gott sei Dank*! gemeint haben könnte. Skeptisch bin ich aber geblieben.

Nach dem Gottesdienst fragte ich meine Frau, was wohl die Bedeutung der ganzen Geschichte wäre. Für meine Frau war es erstaunlich einfach, das zu interpretieren. Sie sagte: »*Gott sei Dank*! heißt in diesem Zusammenhang einfach, dass sie bereits nach einer Stunde frei von den Kindern im Kindergottesdienst ist. Es dauert bei dir doch immer länger als geplant. Und es ist nicht einfach mit den Kindern, wenn man sich nicht für mehr als eine Stunde vorbereitet hatte.«

Wenn es um Zeit geht, sind die Menschen hier sehr ehrlich. Sie drücken das einfach so grob aus. Dies erinnerte mich an ein Zitat eines Amerikaners, der dieses Klischee der Deutschen recht drastisch ausdrückte: »All around the world children say exactly what they are thinking. Eventually children of every other nationality on Earth learn that some things are best kept to yourself. The concept of *a little white lie* just doesn't exist in German culture. Germans just don't possess the talent to let you know how they feel in some sugar-coated way. Simply put, Germans are brutally honest, you have to learn to deal with it.«

Natürlich ist diese Meinung eine subjektive Beobachtung und zudem noch äußerst klischeehaft erzählt. Außerdem kann es gut sein, dass der Amerikaner seine Äußerungen in einem ganz anderen Kontext vorbrachte. Als ich dieses Zitat zum ersten Mal hörte, stellten sich mir aber doch einige Fragen. Eine davon: Hat sich dieser Amerikaner hier wirklich noch nie ein gebrauchtes Auto gekauft? Da hätte er vielleicht die französische

Version des Ausdrucks gehört: *Die Kutte macht noch lange keinen Mönch.* Beim Kaufen eines gebrauchten Autos wäre es äußerst gefährlich zu denken: »Die Menschen hier sind brutal ehrlich.« Da kann man auch die andere Seite der Menschen erleben. Da ist Deutschland durchaus das Land der Möglichkeiten. Vielleicht ist das auch menschlich. Vielleicht erklärt dieser Witz dieses Phänomen:

Ein Farmer wurde zu sechzig Tagen Gefängnis verurteilt. Seine Frau schrieb ihm wütend: »Jetzt, da du im Loch sitzt, erwartest du wohl, dass ich das Feld umgrabe und Kartoffeln pflanze? Aber nein, das tue ich nicht!«
Sie bekam als Antwort: »Trau dich ja nicht, das Feld anzurühren, dort habe ich das Geld und die Gewehre versteckt!«
Eine Woche später schreibt sie wieder: »Jemand im Gefängnis muss deinen Brief gelesen haben. Die Polizei war hier und hat das ganze Feld umgegraben, ohne etwas zu finden.«
Daraufhin schreibt ihr der Farmer: »So jetzt kannst du die Kartoffeln pflanzen!«

Natürlich sind die Verlockungen in Geldangelegenheiten sehr groß - und man muss kämpfen um ihnen zu widerstehen. Ehrlichkeit benötigt Verbindlichkeit - auch in der Predigt.

Als ich einmal bei einem Gottesdienst nur die Liturgie gesungen hatte, sagte mir jemand am Ende des Gottesdienstes: »Dankeschön für deine Predigt, Sie haben ausdrucksvoll gesprochen.« Ich reagierte nur innerlich und antwortete lediglich mit »Sauber« - wie viele hier sagen.

Am Anfang musste ich manchmal die Gemeinden darauf ansprechen. Sie sollten verstehen, dass es für mich nicht einfach war in einer Fremdsprache zu predigen. Anfangs dauerte es zwei Tage bis meine Predigt in der fremden Sprache fertig war. Meine Arbeitstage hierfür waren immer der Mittwoch und Donnerstag, wenn ich am Sonntag predigen musste. Am Freitag traf ich mich dann mit meinem Pfarrerkollegen um die Grammatik und falsche Ausdrücke zu korrigieren. Dann fuhr ich am Samstag z. B. nach Franken - von Kaufbeuren etwa 300 km - um dort Gottesdienst zu feiern. Am Sonntag predigte ich dann die berühmten 15 Minuten - manchmal vor nur neun Menschen, die sicherlich alle unter

Zeitdruck standen. »Lohnt sich das eigentlich?«, fragte ich mich dann oft bei meiner Rückkehr. 15 Minuten vor weniger als zehn Menschen haben mich ganze vier Tage Arbeit gekostet!

Dann - sonntagnachmittags auf der Heimfahrt nach Kaufbeuren, wenn der Blick nach vorn auf das hügelige Voralpenland gerichtet ist, ermutige ich mich selbst: »Es lohnt sich. Auch die Pfarrerkollegen bemühen sich, trotz aller Herausforderungen. Warum sollte ich viele Fragen haben? Einfach mitwirken!«

Ich beobachte auch, dass dieser Zeitdruck vieles in Gefahr gebracht hat. Die Pfarrer versuchen möglichst alles zu kürzen, um die 60 Minuten Regel einzuhalten. Schöne aber längere Lieder werden kaum gesungen. Oder, falls sie doch gesungen werden, nur in Ausschnitten. Warum Texter mehrere Strophen dichteten, wird meist ignoriert.

In manchen Gottesdiensten sind auch die Fürbitten sehr kurz formuliert. »Nur ein Schnäppschen«, sagte eine Kirchenbesucherin. Klar ist nur, dass wir auch hier wieder unter Zeitarmut leiden.

Jemand hat einmal gesagt: »Schenken Sie den Menschen hier Zeit - das vermissen sie sehr«.

In München war ich einmal sehr mutig, da habe ich mehr als 25 Minuten lang gepredigt. In München? Ja, in München! Denen habe ich wirklich meine Zeit geschenkt. Wiederum war es meine Frau, die nach 15 Minuten *Aua-aua* sagte. Der Gemeindepfarrer seinerseits wurde abwechselnd rot und blass. Er wusste nicht was er machen sollte. Er wollte schließlich höflich sein und mich nicht auf der Kanzel ansprechen. Da habe ich vielleicht viel riskiert.

Mir ist klar, dass der Gottesdienst nicht zu lang dauern darf. Man braucht eine gewisse Achtung, denn manche haben kleine Kinder oder Kranke zu pflegen und müssen deshalb schnell nach Hause gehen. Das ist schon klar. So erlebte ein Pfarrer einmal, als er einer Kirchenbesucherin gesagt hatte, dass sie auf eine Tasse Kaffee warten müsse, dass diese regelrecht explodierte. »Insulin wartet doch nicht!«, donnerte sie. Sie hatte *Zucker* - wie man später erfuhr.

Das Problem liegt also nur darin, dass wir uns manchmal des übertriebenen *Zackzack-Phänomens* nicht bewusst sind. Wir denken immer daran: die Zeit vergeht.

»Nicht der Fluss fließt, sondern das Wasser. Nicht die Zeit vergeht, sondern wir«, sagte jemand mal.

Wir vergehen - nicht die Zeit! Wir legen so viel Wert auf die Zeit, dass wir dies manchmal vergessen und dabei Gefahr laufen, den Sinn des Lebens als Geschenk einfach zu verlieren.

Deutlich wurde das für mich, als wir einmal über einen Termin im Pfarramt gestritten hatten. Es war im Februar und wie üblich waren die Termine ausgebucht bis Dezember. Streitpunkt war ein Tauftermin im Juli. Um es zu präzisieren: Der Streit im Februar drehte sich um eine Terminüberschneidung im Juli. Es war schwer für uns (fünf Pfarrer) eine Lösung zu finden. Die Kalender schienen voll zu sein. Richtig irre wurde die ganze Situation aber dann, als während der Diskussion festgestellt wurde, dass das Kind noch gar nicht geboren war. Wir stritten über einen Tauftermin von einem Kind, das noch gar nicht geboren wurde! Das Kind würde im April auf die Welt kommen und die Eltern wollten im Februar einen Tauftermin für den Juli reservieren. Eine Familie, die einen Tauftermin für ihr Kind reserviert, das noch gar nicht geboren ist, war für mich äußerst erstaunlich. Dass die ganze Angelegenheit für uns trotz allem sehr stressig war, war die eine Sache, dennoch waren alle nach dieser Aufklärung irgendwie erleichtert. Wir lachten und sagten uns: »Wir können doch nicht über einen Tauftermin von einem Kind streiten, das noch nicht geboren ist.«

Die Menschen scheinen hier offensichtlich zu glauben, sie könnten das Fell verkaufen, ehe sie den Bären erlegt haben. Sie tun den zweiten Schritt vor dem ersten. Sie wissen ja angeblich sicher, dass das Kind geboren wird - dank guter medizinischer Versorgung. Später stellten wir allerdings fest, dass manche ihren Tauftermin auch deshalb so früh brauchten, um besonders gute Lokale für die Tauffeier reservieren zu können. Na ja, die gibt es leider auch.

Falls Sie nun glauben, Terminplanungen würden zukünftig leichter, dann sehen Sie sich gründlich getäuscht. Wir planen bereits Mitte diesen Jahres 2012 das Jahr 2014. Ja, der Terminplaner für 2013 ist schon voll.

Am schlimmsten ist es aber, wenn manche denken, die ganze Welt solle so wie hier funktionieren - Zackzack! Das wäre doch sehr langweilig. Die Welt soll bunt und reich sein. Es macht so viel Spaß, wenn sich Europäer in Tansania ärgern. Sie ärgern sich, weil es dort nicht wie hier funktioniert. Es gibt beispielsweise in vielen Orten keine feststehende Zeit, wann der Bus kommt. Er kommt einfach, wenn er kommt. Und wenn er schließlich da ist, bleibt er stehen bis er voll ist. Also, wenn ein Europäer bei uns auf einen Bus 30 Minuten warten muss, ärgert er sich sehr. Umgekehrt würden sich die Afrikaner hier vielleicht auch ärgern, wenn die Busse einfach fahren, obwohl nur der Busfahrer drin ist. Warum fährt er denn? Wenn niemand da ist? Weil ihm das Fahren Spaß macht? Oder weil sein Zuhause sich in eben dieser Richtung befindet? Das muss man hier erklären.

Wichtig ist bei uns nicht der Termin, sondern was bei dem Termin gemacht wird. Es handelt sich um konkrete Inhalte und nicht um die abstrakte Zeit. In Afrika steht der Mensch im Mittelpunkt nicht der Termin. Der Pfarrer wird die Menschen herzlich - ohne Eile - begrüßen, ohne Frustration, dass er vielleicht zu spät in irgendeine Sitzung kommt. In der Sitzung wäre es dagegen wiederum selbstverständlich, wenn er erklärte, dass er zu spät komme, da er inzwischen die Menschen begrüßen musste. Ein Deutscher, der in Tansania tätig ist, schreibt darüber: »Geduld und Gelassenheit, gerade auch in Bedrängnis und misslichen Lebenslagen, sind afrikanische Tugenden. [...] Menschen und ihre Beziehungen zueinander haben Vorrang vor Angelegenheiten und Dingen. Dass jeder sein

Gesicht wahren, seine Würde behalten kann, ist wichtig. [...] Miteinander zu sprechen, Dinge gemeinsam zu erörtern und so gründlich zu bereden, bis einvernehmlich verblieben werden kann, entspricht afrikanischer Lebensart weitaus mehr als das euro-amerikanische Abstimmungs-Prinzip.«

Bei uns verkehrt es sich ja manchmal auch ins Extrem, so dass man nicht pünktlich mit den Sitzungen anfangen kann. Deshalb geht es nicht darum zu sagen: Es ist hier oder dort gut oder schlecht. Es ist wichtig zu wissen, dass es hier so ist und woanders anders. Alles verkehrt sich immer, wenn wir bewerten. Wenn es hier um zackzack geht, geht es woanders um polepole. Hauptsache ist, dass es geht. Oder noch klüger: Wir lernen gegenseitig voneinander.

Der Volksmund bei uns sagt: *Wenn du schnell gehen willst, geh allein. Aber wenn du weit gehen willst, geh mit anderen.* Also nicht mehr zackzack oder polepole, sondern ein Kompromiss: zackpole!

Ich habe es kaum geglaubt, als ich einmal folgende Szene beobachtete: Eine ältere Frau wartete am Straßenrand. Da sie offensichtlich nicht sehr gut in die Ferne sehen konnte, beugte sie sich immer wieder etwas nach vorne, wenn ein Gefährt vorbeifuhr. Manchmal lief sie sogar fast auf die Straße um richtig zu sehen, denn es war schon etwas dunkel. Auch als sie einen Bus von weitem kommen sah, lief die Frau halb auf die Straße. Es sah schon äußerst gefährlich aus, vor allem da sie dies im Anschluss noch zweimal machte.

Ein Mann hatte diese Szene beobachtet und vermutete offensichtlich, dass die Frau Angst hatte, die Straße zu überqueren. Er fasste sich also ein Herz und nahm kurz vor der Ankunft des nächsten Busses die Dame am Arm und stellte sie schwungvoll auf der anderen Straßenseite ab. Das war einfach zack!

Die Frau war verdattert und wusste nicht wie ihr geschah. Der Mann hatte auch gar nicht darauf gewartet, dass sie sich bedankte. Er war einfach weg. Er erwartete keinen Dank - Engagement ohne Dank!

Kurz darauf stellte die Frau fest, dass die richtige Buslinie auf der anderen Straßenseite abfuhr und sie von einem Unbekannten auf der falschen Seite der Straße abgestellt worden war. Welch ein Schreck für die alte Frau! Zuviel auf einmal. Noch dazu, fuhr der Bus nur zweimal pro Tag. Der da eben abfuhr war der Letzte. Nun war es zu spät für sie. Gut gemeint, aber das Gegenteil von Gut! Eigentlich hatte die Frau immer kontrolliert, ob es der richtige Bus war, der vorbeifuhr, denn es war ja ihre letzte Möglichkeit heimzukommen. Der Mann war auch nicht mehr da, um das entstanden Problem zu lösen. Um der Frau zu helfen - jedoch ohne Zeit verschwenden zu wollen, hatte der Mann so gehandelt. Er war einfach zackig.

Es scheint manchmal sehr übertrieben, wenn der Pfarrer so schnell und unter Druck Gottesdienst hält. Denn die Menschen trinken nach dem Gottesdienst ohne jede Eile ihren Kaffee. Manche bleiben dort fast eine Stunde und halten einfach noch einen *Ratsch*. Das ist nicht unbedingt schlecht, aber warum davor dieser Druck?

Das zeigt schon, dass wir manchmal mit unsere Zeit recht verschwenderisch umgehen, obwohl wir permanent unter Zeitdruck stehen. Hätte man da nicht einmal das ganze Lied singen können und nicht nur die erste und letzte Strophe, wie es derzeit im Trend liegt? Oder vielleicht auch nur ein komplettes Lied, statt fünf verschiedenen, von denen aber nur die ersten und die letzten Strophen gesungen wurden? Da hätte der Herr Pfarrer vielleicht sogar Zeit, uns den biblischen Kontext zu erklären, statt sofort zu erläutern, was die Bibel uns heute sagt.

Vielleicht haben die Gemeindemitglieder auch die Zeit und nur der Pfarrer ist sich hierüber zu unsicher. Einmal sagte eine Besucherin zu mir: »Ab und zu hatte ich den Eindruck, dass der Gottesdienst sehr *geschäftsmäßig* abläuft. Übertrieben gesagt: *Es ist wie zur Rushhour an der Kasse im Supermarkt.*« Diese Spannung zwischen Pfarrer und Kirchenbesuchern ist das Schlimmste, wenn man Gottesdienst hält.

Eine ähnliche Hektik beobachtet man in der Stadt, wo viele Menschen keine Minute haben um sich einfach nur zu setzen und zu essen. Sie laufen, manche rennen sogar, während sie essen.

Und das Motto ist immer das gleiche: *Die Zeit vergeht schnell.* Doch die Tatsache bleibt bestehen: *Nicht die Zeit vergeht, sondern wir.* Wir sind diejenigen, die wichtig sind - nicht ein abstrakter Begriff der Zeit.

Besonders deutlich wird eine derartige Schwerpunktverschiebung in Sitzungen. Ein Komiker verdeutlichte dies in folgender Geschichte:

Der Kirchevorstand berät sich über die Einstellung einer Erzieherin im Kindergarten - ein wichtiges Thema, das in fünf Minuten abgehandelt wird. Alle nicken es ab, denn sie wollen gar nicht wissen, ob die Bewerberinnen wirklich qualifiziert sind. Oder dann sehr wichtig: Ob es wirklich Bedarf im Kindergarten gibt. Sie sagen alle einfach ja-ja.

Wenn es dann aber plötzlich darum geht, wie viele Brezeln oder Semmeln bei dem Gemeindefest gegessen werden sollen, da kann der Vorstand Stunden über Stunden debattieren - bis um 23:00 Uhr! Unglaublich aber wahr. Bei diesem *Problem* können schließlich alle mitreden. Bei Brezeln ist ja kein Fachwissen gefragt! So kann die Diskussion langsam mit der Frage anfangen, ob es eine Bio-Bäckerei in der Stadt gibt, wo Bio-Brezeln gekauft werden können. Es geht heutzutage ja um Nachhaltigkeit. Das geht dann weiter und weiter ohne Ende, bis man feststellt, dass es keine Bio-Bäckerei in der Stadt gibt. Und wenn man dann auf die Uhr schaut, ist es eben 23:00 Uhr.

Die Ärzte scheinen in diesem Land die einzigen zu sein, die wirklich schlau sind. Sie vergeuden die Zeit der Menschen zufrieden ohne Streit oder Theater vor den Kunden. Sie machen nichts Besonderes. Sie brauchen nur viele Zimmer und verschiedene romantische, alte, und, wenn es denn sein muss, auch ein paar neue Zeitschriften. Hier hört man niemanden klagen. Mit Schmerzen und einem einen Monat zuvor ausgemachten Termin warten die kranken Menschen gemütlich und hoffnungsvoll.

Manche kommen 30 Minuten vor ihrer Terminzeit, obwohl das nicht viel hilft. Hier warten die Menschen etwa eine Stunde lang gemeinsam in einem Zimmer. Falls es mehr Kunden gibt, wird man nach einer Anstandszeit in ein anderes Zimmer geschickt. Dort darf man wieder so etwa eine halbe Stunde verbringen. In einer größeren Praxis kann es passieren, dass man noch in ein drittes Zimmer geschickt wird, wo dann alle medizinischen Geräte sind. Was jedoch weiterhin fehlt, das ist der Arzt. Doch Geduld, etwa 30 Minuten kann es schon noch dauern. Es kommt immer darauf an, wie viele Patienten es gibt.

Schließlich, wer hätte noch daran geglaubt, kommt der Herr Arzt. Der grüßt, manchmal nebenbei wichtige Telefonate erledigend. Bevor man nun auch nur erläutern kann, wo das Problem ist, hat er schon ein Rezept für ein Medikament ausgeschrieben.

Manchmal hat man den Eindruck, Ärzte würden versuchen ihre Klischeebilder krampfhaft in die Realität zu übertragen. Private Patienten und Notfallpatienten kennen das Problem vielleicht wenig oder gar nicht. Ich war kein Privatpatient und zum Glück auch kein Notfall. Da verliert man also etwa zwei Stunden, um den Arzt für nur fünf Minuten Behandlung zu sehen. Wie lange es dauert, hängt nicht davon ab, ob man einen Termin hatte oder nicht. Und die Menschen scheinen sich auch noch darüber zu freuen, denn beim Arzt können sie keine anderen Termine verpassen. Hier wartet anscheinend sogar das Insulin. Albert Einstein veranschaulicht dies zutreffend: »Wenn man zwei Stunden lang mit einem Mädchen zusammensitzt, meint man, es wäre eine Minute. Sitzt man jedoch eine Minute auf einem heißen Ofen, meint man, es wären zwei Stunden. Das ist Relativität.«

Diese Übertreibung in Hinblick auf die Zeit stößt an Grenzen. Der Spruch sagt alles: *Mein Bett und ich lieben uns über alles, aber mein Wecker will das einfach nicht akzeptieren!* Unser Streit mit dem Wecker morgens signalisiert die Grenzen, denn immer pünktlich sein, ist schlichtweg unmöglich. Bei den immer wiederkehrenden Zugsverspätungen wird das doch deutlich. Die fangen mit ca. fünf Minuten an, dauern aber praktisch gesehen regelmäßig 30 Minuten. Im Stau wird das noch klarer und man akzeptiert - oder muss akzeptieren - dass man sich verspätet und der Pünktlichkeitswahn an seine Grenzen kommt. Ich konnte es einmal nicht glauben, als ich im Radio gehört habe, dass auf einer Autobahn über 90 km Stau war. Hier ging nichts mehr weiter. An diesem Tag mussten viele auf der Autobahn übernachten.

Es gibt aber auch andere Grenzen. Wenn man etwa von Hamburg aus die Stadt München besuchen möchte, fliegt man heutzutage nicht mehr. Man verzichtet jedoch auf das Flugzeug nicht etwa um Zeit oder Geld zu sparen. Nein, man fährt mit dem Zug - langsamer und teurer aber umweltfreundlich. Das Zackzack-Phänomen kommt an seine Grenzen - gerade wenn es um den Umweltschutz geht. Deshalb denke ich, dass wir anderen und uns selbst Zeit schenken sollten.

Doch das ganze Zackzack-Phänomen endet leider nicht so einfach. Zeit für uns zu haben gelingt kaum. Die Sucht alles schnell zu machen steigt sogar. Im Supermarkt verliert man gerade keine Zeit - auch hier kauft man zackzack.

Leider machen auch manche Familien ihre Essensvorbereitung zackzack. Es wird nicht mehr richtig gekocht. Einfach etwas Fertiges aus dem Kühlschrank in den Ofen schieben, fünf Minuten, dann wird gegessen. Hier hat man keine Zeit, über Konservierungsstoffe nachzudenken. Vom Kühlschrank in den Ofen ist einfach zack. Und dann wird wieder zack gegessen. Es ist kein Wunder, dass viele Jugendliche nicht mehr kochen können oder wollen. Problematisch wird es dann, wenn sogar junge Mütter und Eltern von sozial schwachen Familien betroffen sind. Da reicht das Hartz IV zum Einkauf von Zack-Essen nicht mehr.

Deutlich gefährlicher ist es jedoch in der Politik und Wirtschaft. Bei der Energieversorgung hatte man Atom als Zackquelle entdeckt, und auch zack auf dem Markt umgesetzt. Da hat man dann zack Gewinn gemacht.

Wie lange oder ob es wirklich ein Gewinn war, war damals keine Frage. Die angeblichen Vorteile dieser Zack-Energiequellen stießen jedoch bald an ihre Grenzen, wenn man diese Grenzen denn wirklich sieht.

In der Gentechnik erfahren wir das wieder auf andere Art. Man will die Küken zählen, bevor sie ausgebrütet sind. Auch wenn Eier drei Wochen brauchen, bis sie ausgebrütet sind, geht es vom Küken bis zu den Hühnern im Supermarkt zack-zack. In der Theorie klingt das wie Fortschritt, in Wirklichkeit ist es jedoch ein Rückschritt. Wenn man fragt, wie nachhaltig diese Schnelligkeit ist, dann weiß man, dass wir an Grenzen stoßen. Es geht hier auch ums Denken - welch schwierige Aufgabe! Henry Ford, der amerikanische Industrielle, sagte mal: »Weil Denken die schwerste Arbeit ist, die es gibt, beschäftigen sich auch nur wenige damit.« Manchmal hat man den Eindruck, dass die Vernunft der Wissenschaftler schläft – zumindest so lange es in der Wissenschaft nicht um Nachhaltigkeit geht.

Vielleicht ist uns diese Schnelligkeit aber auch einfach zu schnell. Am deutlichsten zeigt sich die Gefahr, wenn Beziehungen unter das Rad der Hektik geraten. Mittlerweile kann man sogar online die Scheidung beantragen. Eine derartige Formalität soll schließlich nicht zuviel unserer wertvollen Zeit kosten. Das Verfahren der *Online-Scheidung* kann reibungslos per E-Mail, Telefon, Fax oder Brief erledigt werden. Falls man trotzdem eine persönliche Besprechung wünscht, ist dies - man staune - ebenfalls möglich.

Drängt sich da nicht die Frage auf ob man heutzutage nicht vielleicht auch online heiraten kann? Das Kennenlernen im Internet ist schließlich schon so gut wie normal - das gleiche gilt für Verlobungen online. Anders gefragt: Warum sollte man vor Online-Scheidungen Angst haben? Vielleicht wäre ich etwas überfordert, wenn - zack - online geheiratet und im nächsten Moment - zack - online geschieden würde. Das Motto: *Alles muss größer, schneller und billiger sein* kommt hier wieder zum Ausdruck und an seine Grenzen. Die meisten Leute wollen sich so schmerzlos, schnell und billig wie möglich scheiden lassen. Natürlich ist das möglich allerdings stellt sich die Frage ob Scheidungen so abgehandelt werden sollten. Das macht man einfach - zack! Man sagt, dass trotzdem alle Scheidungen schmerzvoll seien. Das glaube ich auch.

Man hat ja auch schon erlebt, dass manche nach der Scheidung wieder zusammenleben. Sogar fröhlicher als zuvor. Sie fahren zusammen in den Urlaub und haben Sex. Sie wollen aber nicht wieder heiraten.

Andere wiederum bereuten ihre Scheidung. Ihre Situation verschlechterte sich gegenüber der Zeit vorher, als sie verheiratet waren. Vielleicht war die Entscheidung zu schnell getroffen. Vielleicht hatte man keine Zeit darüber nachzudenken. Wichtig ist aber auch, dass wir den Betroffenen mit Liebe begegnen nicht mit Anklagen, wie wir es oft machen. Gott sucht die Gemeinschaft mit uns allen. Egal wie die Lage ist. Und das ist das Faszinierende bei Gott! Liebe!

Ich weiß, ich bin der Einzige, der sich noch mit der Frage nach der Scheidung auseinandersetzt. Für viele ist die Sache längst selbstverständlich. Doch das Buch hat sich zur Aufgabe gesetzt, das Vertraute unvertraut zu machen. Ich kenne auch die Kritik von Osho: »Wenn man wirklich will, dass die Sünder aus der Welt verschwinden, sollte man zuerst die Heiligen verschwinden lassen.« Ich kenne sogar die Relativierung von manchen: »Nach neuesten statistischen Erkenntnissen liegt die hohe Zahl der Scheidungen nahezu ausschließlich an der hohen Zahl der Eheschließungen.«

Wie einen Weltuntergang empfinde ich es jedoch, wie die Kirche mit der Scheidung umgeht. Auch sie will in dieser Sache zack reagieren. Mittlerweile gibt es schon Scheidungsgottesdienste in den Kirchen. Ist es nicht unglaublich, dass derselbe/dieselbe PfarrerIn zu den Menschen, zu denen er/sie sagte: „Was Gott zusammengefügt hat, soll der Mensch nicht scheiden.“ nun sagt: »Wir alle, die hier versammelt sind, haben Sie immer wieder ein Stück weit auf Ihrem gemeinsamen Weg begleitet; wir begleiten Sie auch heute bei der Beendigung Ihrer Ehe. Wir rufen den Segen

Gottes auf Sie herab, die Sie nun getrennte Wege gehen werden. Möge Liebe und Frieden über Ihrem neuen Leben walten.«

Der Ablauf der Liturgie ist mit verschieden Aktionen verbunden - Ehe-Ringe zurückgeben, auch etwas zerbrechen, Hände einander geben und dann loslassen. So ist es in verschieden Liturgien zu lesen. Das scheint für mich bedenklich. Die Lebensreihenfolge ist nicht mehr: Geburt - Taufe, Heirat - Trauung, und Tod - Trauerfeier, sondern sie beinhaltet heutzutage auch Trennung. Dies kann für Pfarrer sehr verwirrend sein. Sie wissen nicht, wie sie mit diesem Problem umgehen sollen. Einer gibt z. B. Paaren, die er traut, Garantien. Er sichert ihnen zu, dass ihre Ehe mindestens 15 Jahre überleben wird, wenn sie ihn einmal im Jahr treffen. Hier lässt sich ein Wertewandel bzw. -verfall in unserer Gesellschaft beobachten. Familie, Ehe und Kinder sind nicht mehr zentrale Werte in der Gesellschaft. Kinder leiden unter Trennung und Scheidung.

Verdeutlicht nicht das Kinderphänomen: »Mein Papa kommt nur am Wochenende« am deutlichsten, dass eben nicht immer alles zack-zack gemacht werden sollte?

ACHTUNG!
DU BIST NICHT MEHR ALS DAS, WAS DU LEISTEST!

Jedes Kind ist ein Zeichnen der Hoffnung für diese Welt
Kamerun

Anfangs konnten wir es gar nicht glauben, als wir erfuhren, dass hier auch Arbeitslose ein monatliches Gehalt bekommen. Sozialhilfe nennt man das. Man bekommt Geld für Essen und Wohnung, kann sich mit dem Geld aber auch Bier und Zigaretten kaufen. Dass Arbeitslose pünktlich, wie die Beamten monatlich ihre feste Summe erhalten, das war für uns schon was.

Natürlich gibt es einen Unterschied: Beamte bekommen am Anfang des Monats ihr Gehalt, nicht am Ende. Allerdings nehme ich an, dass dieser Unterschied bereits nach ein paar Monaten nicht mehr sichtbar ist, denn letztendlich bekommt man sein Geld halt regelmäßig alle dreißig Tage. Andere Angestellte bekommen ihr Gehalt Mitte des Monats und Arbeiter am Ende. So ist es.

Warum jedoch Beamte ihr Gehalt am Anfang jedes Monats bekommen, ist für Einheimische selbstverständlich. Für Fremde nicht. Als Fremder denkt man zunächst, dass dies daran liegen müsse, weil Beamte mehr arbeiten. Wir hatten deshalb anfangs sehr viel Respekt vor Beamten, auch wenn sich die Begeisterung für das Ausländeramt in Grenzen hielt. Man wusste ja noch nichts vom *DiMiDo-Phänomen*, das besagt, dass lediglich dienstags, mittwochs und donnerstags gearbeitet wird.

Alles in Allem bekommen Beamte, Angestellte und Arbeiter monatlich etwas, wie Arbeitslose auch!

Derartige Transferleistungen wären bei uns unvorstellbar. Da würde wahrscheinlich niemand mehr arbeiten und es würde zu lange dauern zu erläutern, weshalb dieses System hier nicht zur Senkung der Arbeitsmoral führt.

Auch dass Kinder monatlich bezahlt werden, würde von vielen als äußerst ungewöhnlich angesehen. Vielleicht würde man fragen, ab wie vielen Kindern man Anspruch auf Kindergeld habe. Und die Antwort müsste lauten, dass man umso mehr Geld bekomme, je mehr Kinder man habe. Genauso ungläubiges Staunen würde die Antwort auf die Frage auslösen, bis zu welchem Alter Kinder Anspruch auf Kindergeld haben ...

Die Einführung einer derartigen Praxis in Afrika, würde vermutlich dazu führen, dass viele arme Familien mehr Kinder haben wollten. Noch interessanter wäre dann allerdings, wenn man dort erzählen würde, dass der Bundespräsident eine gesetzliche Patenschaft ab dem siebten Kind einer Familie übernimmt. Auch das bringt Geld mit sich. Bundespräsident? Patenschaft? Ja!

Wahrscheinlich würde ich sofort mit Fragen danach bedrängt, wie viele Kinder ich denn habe, wenn dies doch so viele Angebote und Vorteile mit sich bringe. Die Antwort, dass ich bis heute nur zwei Kinder habe, würde bei vielen zu großer Verwirrung führen. Oder man würde skeptisch bleiben, ob all diese Geschichten wirklich stimmen können. Es wäre für viele unvorstellbar, dass es hier so wenig Kinder gibt, obwohl für sie gezahlt wird, bis sie erwachsen sind. Dass eine Frau durchschnittlich nur 1,38 Kinder hat, wäre eine große Überraschung. Noch größer wär diese allerdings in Hinblick auf die Anzahl der Kinder pro Ehe: Weniger als ein Kind. Tatsächlich ist die Zahl der Autos in manchen Städten viermal höher als die Zahl der Kinder. Ja! In München war die Zahl eine Zeit lang sogar fünfmal so hoch. Derartige Schilderungen würden äußerst skeptisch wahrgenommen. »Unglaublich, aber wahr«, wäre es für viele Afrikaner, dass hier manchmal darüber diskutiert wird, ob jemand, der keine Kinder hat, Anspruch auf Hundegeld haben könnte. Von Elterngeld und Elternzeitgeld rede ich da noch gar nicht!

Natürlich ist die Erziehung von Kindern nicht immer einfach. Dennoch kann man auf öffentlichen Veranstaltungen, bei denen Kinder anwesend sind, manchmal bei so manchem Erwachsenen fast nicht glauben, dass auch sie mal Kinder waren. In Gottesdiensten lässt sich beispielsweise schön beobachten, was manche Leute von Kindern halten. Natürlich sind manche Gemeinden kinderfreundlich - allerdings sind die Kleinen nicht überall willkommen. Wenn sich ein Kind etwa anders verhält als Erwachsene, und das gilt insbesondere für Bereiche wo viele Erwachsene sind, so wird man als Elternteil ganz schnell richtig böse angestarrt. Als ob die Eltern Schuld wären. Demzufolge sind manche Eltern aufgereger als ihre Kinder. Der Tatsache, dass Kinder das Recht haben sich anders als Erwachsene zu verhalten, wird kaum Aufmerksamkeit geschenkt. Kinder sollten doch die Chance haben, Kinder zu sein. In der Kirchenbank wird dann rasch auffällig nach hinten geschaut, um zu signalisieren, dass die Kinder sich mal wieder unmöglich verhalten oder hier nicht hergehören. Vielleicht ist es auch als Signal gemeint, dass man sie schlecht erzogen hat.

Oder sind wir bereits so stark auf die Welt der Erwachsenen fixiert? Als eines Tages Leute wiederum so agierten, hat ein Mann laut reagiert: »Meine Kinder sind alle getauft!« Den Mann erinnerte dieses schamlose Starren offensichtlich an die mittelalterliche Praxis, in der die Menschen nichtgetaufte Kinder derart verächtlich angegafft hatten. In Zügen, Bussen und Flugzeugen erlebt man haargenau das Gleiche. Man muss schon starke Nerven haben, um mit Kindern weg zu fahren. Schlimm ist es, wenn es sich um mehr als zwei Kinder handelt - und noch schlimmer, ganz klar, wenn sie von Migranten sind. »Die Frau ist sehr mutig, gleich drei Kinder ...«, sagen dann manche.

Einmal im Münchner Flughafen, als wir nach Afrika fliegen wollten und wir bereits an Bord waren, war die Temperatur relativ hoch, bevor die Maschine abflog. Das empfand unser kleiner einjähriger Sohn als sehr unangenehm. Über zehn Minuten lang weinte er laut. Das war für viele wie ein Weltuntergang. Von denen, die neben uns saßen, hatten manche Mitleid, aber für einige war das wohl ein schlechter Tag - wie schrecklich neben weinenden Kindern zu sitzen. Wenn die Umwelt derart unfreundlich auf Kinder reagiert, verschärft das natürlich die Krise der Erziehung.

Bei einer derart hohen Anzahl an Alleinerziehenden, hat ein Kind niemanden mehr außer seiner »Mama« um etwas zu lernen. Bei uns in Tansania ist es üblich, dass Erziehung von Kindern eine gemeinschaftliche Sache ist. In einem Spruch wurde das so zusammengefasst: *Es braucht ein ganzes Dorf, um ein Kind zu erziehen.* Wegen unterschiedlichen Erziehungssystemen in Tansania heißt der Spruch klischeehaft ja auch: *Es braucht ein ganzes Dorf, um ein Kind zu verhauen.* Denn Kinder werden bis heute in manchen Traditionen geschlagen. Hier ist das selbstverständlich nicht anders, auch wenn es gesetzlich verboten ist. Derartige Erziehungsmethoden sind letztendlich eine Kritik an uns alle. Beim Abendmahl werden Kindern bei uns in manchen Gemeinden leider rausgeschickt. Auch nicht gut!

Sicher ist aber, dass selbst jemand, der nur ein Jahr lang in Deutschland war, weiß, ob das Kindergeld reicht oder nicht. Genauso verhält es sich mit der Sozialhilfe. Das, was Diakonie und Kleiderkammer leisten, ist sehr aussagekräftig. Wir hatten auch die Gelegenheit manche Sozialhilfeempfänger kennen zu lernen. Für uns war es wichtig, auch die andere Seite zu sehen. Es gibt tatsächlich Menschen, die sehr zufrieden damit sind, dass sie ihr Geld bekommen, ohne Arbeiten zu müssen. Sie schlafen länger – hauptsächlich im Winter. Sie frühstücken länger und gemütlich. Manche trinken mehr als die Arbeitenden. Es scheint bei manchen sogar so, als ginge es ihnen besser als den Rentnern. Konkret soziologisch betrachtet schafft derartiges Verhalten leider Raum für Diskriminierungen und soziale Kontrolle, was die Vorurteile gegenüber Bedürftigen verschärft. Es gibt Studien, die besagen, dass soziale Unterstützungen mit einer Stigmatisierung einhergeht: Diskriminierung auf Ämtern und durch Nachbarn, Schamgefühle, willkürliche Behandlung im Amt usw.

Die Betroffenen werden auf ihre Rolle als Hilfeempfänger beschränkt. Das ist nicht mehr harmlos. Glücklicher als andere sind sie aber nicht.

Andere wiederum leiden darunter, dass sie ihr Schicksal nicht auf der Stelle ändern können und geben allen Widerständen zum Trotz nicht auf.

Egal wie der Fall gelagert ist, Sozialleistungen erhalten sie alle, unabhängig von ihren Versuchen unabhängig von derartiger Unterstützung zu werden. Und tatsächlich gibt es einige, die den Sprung zurück in die Erwerbstätigkeit schaffen. Das ist doch was. Man ist nicht nur der Kapitän seiner eigenen Seele, sondern auch seines eigenen Schicksals. Man muss kämpfen. Es ist doch möglich. Hoffnung ist immer das letzte, was man auf der Welt verlieren darf.

Zunehmende Arbeitslosigkeit und eine stetige Steigerung der Kluft zwischen Arm und Reich sind Schreckensgestalten unserer modernen Gesellschaft, die jedoch keinesfalls dazu führen dürfen, dass wir uns komplett in der Arbeit verlieren, ohne Zeit für uns selbst zu haben.

Sämtliche Technisierung konnte offensichtlich nicht dazu führen, dass die Menschen heutzutage weniger arbeiten müssen. Im Gegenteil scheint das Arbeitspensum in manchen Branchen sogar angestiegen zu sein. Obwohl Computer heutzutage viele Arbeitsvorgänge erleichtern, ist die Menge an Problemen, die sie ihrerseits verursachen nicht zu verachten. Die Tatsache, dass wir nicht leben um zu arbeiten, sondern arbeiten um zu leben, scheint von vielen Vergessen.

Fragen in Hinblick auf die Zeit sind häufig auch mit Fragen nach Arbeit und Leistung verbunden. Man fragt sich oft: »Was habe ich heute gemacht?« Manche leisten hier pro Tag das, was andere in einer Woche schaffen. Beschäftigung ist hier das A und O. Wir leben in einer leistungsorientierten Gesellschaft. Da ist es kein großes Wunder, wenn man mit der Frage konfrontiert wird: »Und was machst du denn?« Die Tabuisierung der Frage wird in diesem Moment nicht nur in Kauf genommen, sondern vereinfacht. Denn eigentlich meint sie: »Was leistest du denn?« Wer etwas macht, ist wertvoller als der, der nichts macht. Wer nichts leistet ist nichts. Wer nicht arbeitet hat keinen Platz in der Gesellschaft. Der erlebt dann die so genannte *Armut B.* Abgrenzung! Und aus der Abgrenzung wird bald eine Ausgrenzung! Oder ist doch Goethe mit seiner Philosophie zum Erfolg schuld?

»Erfolg besteht aus drei Buchstaben - T-U-N.« Ja, Tun! Es gibt kein größeres Wunder als hart zu arbeiten. Wenn man hier zeigen will, dass man sich in der Literatur auskennt, muss man Goethe zitieren können. Das ist ja unsere Gesellschaft. Manche können mehr! Auch ich tu dies des öfteren, um meinen Status hier Schritt für Schritt zu verbessern.

Abgrenzung aufgrund von Arbeitslosigkeit fängt an, wenn man feststellt, dass die alten Freunde von früher den Kontakt nicht halten möchten. Dieser Kontaktabbruch verdeutlicht den *Abstieg* in ein anderes soziales Milieu. Soziale Aktionen wie Ausflüge oder gemeinsame Urlaubsfahrten sind nicht mehr möglich. Es fehlt das Geld.

Am sozialen Kontaktabbruch trägt der Betroffene keine Schuld und doch zeigt sich hierin etwas anderes: Der Traum von einer Gesellschaft, wo man von sich aus etwas wert ist, ohne jeglicher Leistungsforderung, ist auch hier eine bloße Verheißung. Für *menschliches Wertsein ohne Leistung* müssen wir weiterhin kämpfen – ganz im Sinne Antony de Mellos:

> *»Wie kann ich ein großer Mensch werden, wie ihr?«*
>
> *»Warum ein großer Mensch sein?«, fragte der Meister, »Mensch sein ist schon Leistung genug.«*

Der Meister wusste, dass man seine Würde von Geburt hat. Unsere Würde - ein Geschenk Gottes - ist unantastbar! Jeder hat sie. In der Gesellschaft spürt man hiervon leider nur wenig. Sogar hierfür gibt es einen Spruch: *Die meisten Menschen werden als Original geboren und sterben als Kopie.* Man vergisst: Alle sind als Original geboren und sie sterben auch als Original.

Ich persönlich knüpfe den Kontakt mit Personen oft indem ich zuerst sage, was ich mache - was ich leiste! Was ich mache heißt auch, wer ich bin. »Ich bin Pfarrer Emmanuel Kileo.«

»Hallo Herr Pfarrer!«, sagt man dann danach.

So kommt man ins Gespräch. Sofort werde ich gefragt: »Wo sind Sie hier denn Pfarrer?«

Mit der Antwort betone ich noch: »Ich bin Pfarrer in der evangelischen Kirche in Kaufbeuren - in der Dreifaltigkeitskirche.«

»Ach so«, sagen dann viele!

Ja. So muss die Vorstellung gehen, wenn man sich danach weiter unterhalten will. Sonst hat niemand Interesse an einer Unterhaltung. Ist das nicht schade? Leistest du was, bist du was. Mehr bist du leider nicht.

Besonders schlimm stellt sich die Situation für Fremde dar. Die müssen viel leisten, um überhaupt Anerkennung zu gewinnen. Frauen können dies gut nachempfinden, schließlich müssen auch sie mindestens zweimal so gut sein wie ein Mann um zeigen zu können, dass sie etwas schaffen.

Julia, eine Nutzerin von Yahoo in einem Yahoowerbespot drückt das noch besser aus: »Frauen müssen doppelt so gut sein wie die Männer. Zum Glück ist das nicht schwer.«

Dieses *Zum Glück ist das nicht schwer*! stimmt ja eigentlich gar nicht. Nicht weil Männer so gut sind, dass Frauen sie nicht so leicht überrunden können. Sondern weil es schlicht unmenschlich ist, wenn Mann oder Frau zweimal so viel leisten muss wie irgendjemand anders. Es gibt Menschen, die sind strukturell - sei es technisch, beruflich oder akademisch benachteiligt. Es können nicht alle wie Julia sagen: »Zum Glück ist das nicht schwer!« Trotzdem muss man (und Frau) Leistung - und immer noch mehr Leistung - bringen, um Anerkennung zu erreichen, wie Hans Magnus Enzensberger in Bezug auf Einwanderer schreibt: »Je höher die Qualifikation der Einwanderer, desto weniger Vorbehalte begegnen ihnen. Der indische Astrophysiker, der chinesische Stararchitekt, der schwarzafrikanische Nobelpreisträger - sie sind überall auf der Welt willkommen [...] Fremde sind umso fremder, je ärmer sie sind.«

Es geht um Leistung. Immer.

Doch welchen Sinn hat die ganze hektische Betriebsamkeit, wenn wir unsere sozialen Beziehungen verlieren? Man braucht doch eine gewisse Bilanz im Leben! Dieser Haltung folgend arbeitet der Mensch hier, um irgendwann einmal nicht mehr arbeiten zu müssen. Es stimmt nicht, dass man nur dafür arbeitet, um später irgendwann einmal in Rente gehen zu dürfen. So genannte Ruheständler erleben das oft. Sie wollen immer noch weiter arbeiten. *Ruhestand ohne Ruhe*. Nein! Arbeit schafft Gemeinschaft.

Natürlich an dieser Stelle fragt man sich in Deutschland nicht mehr: Was bringt Glück im Leben? Klar ist: Glück kommt nicht durch Arbeit oder Geld. Trotzdem ist der Konflikt zwischen Arbeit und Glück als gesellschaftliche Frage zu beobachten. Vielleicht findet sich Glück irgendwo anders. Nicht in der Arbeit oder im Geld. Es wurde einmal untersucht, was die Menschen tun würden, wenn sie viel Zeit und Geld hätten. Dahinter steckte auch die Frage: Was denkst du, was dir Glück bringt? Mehr als 200 Menschen haben die Frage beantwortet. Viele hatten ein Auto gewählt. Verschiedene Marken und Modelle wurden genannt. Einer hatte sogar geschrieben: »Ich würde nie mehr ein gebrauchtes Auto fahren.« Ein armes Kind antwortete auf die Frage: »Ich würde unsere Schultoiletten sanieren.« Hier liest man, wie Menschen versuchen durch Geld ihre Wünsche zu erfüllen. Natürlich wurden noch viele andere Dinge genannt.

Manch einer reagierte auf die Frage ablehnend: »Viel Geld«, meinte etwa einer, »das wäre mein Ende.« Wieder andere wollten das Geld spenden: »Wenn ich viel Geld hätte, würde ich ein Kinderheim bauen, damit Kinder in Not Hilfe bekommen könnten.« Nur wenige wählten die Option, die gewonnene Zeit für andere Menschen aufzubringen. Und doch gibt es welche, die das schon begriffen haben. Sie finden ihr Glück im Zusammensein mit anderen Menschen. Auch der Dalai Lama gibt uns einen derartigen Hinweis: »Altruismus ist das beste Form von Egoismus.« Was nützt es uns, wenn wir arbeiten, aber keine Zeit haben, auszugeben was wir verdienen? Man will vielleicht arbeiten, weil man die Tätigkeit, die man ausübt liebt. Doch der Mensch lebt nicht von der Arbeit allein. Das Thema *work-life-balance* wird aktuell bleiben.

Eins ist also sicher: Wir sind vor Gott mehr als was wir leisten können!

Richtig machen oder das Richtige machen?

„Das steht aber nicht in meiner Stellenbeschreibung!"

Bei manchen Beschäftigungen gerät man in die Gefahr, etwas zwar richtig zu machen, ohne es RICHTIG zu machen.Vielleicht liegt es an der Mentalität, mit der wir manche Dinge richtig machen wollen, ohne sie RICHTIG zu machen.

Es ist beispielsweise sehr streng geregelt, was passiert, wenn Eltern mit ihren Kindern ohne Kindersitz im Auto unterwegs sind. Es gibt sogar Strafe dafür. Derartiges wird streng kontrolliert. Es wird richtig gemacht.

Wenn dagegen Kinder allein unterwegs sind, etwa im Bus ohne ihre Eltern, da braucht man keine Kindersitze und die Kleinen werden auch nicht angeschnallt.

Also: Eltern werden bestraft, weil sie für ihr Kind keinen Kindersitz haben oder weil das Kind nicht angeschnallt wurde. Ein Busfahrer, der 40 Kinder fährt, wird aber nicht kontrolliert. Im Grunde tut man hier gerade nicht das Richtige!

Hier wird ja oft sehr klischeehaft über das öffentliche Verkehrswesen in Afrika berichtet: Dass der Bus immer sehr voll ist und sehr spät kommt, und die Menschen sich immer hineinquetschen müssen. Bei uns fahren Kinder meistens nicht allein mit dem Bus, nur in den großen Städten. Dort sind es also die Erwachsenen, die sich hineinquetschen. Bei uns wird jeder Bus von zwei bis drei Personen bedient. Das heißt, falls den Passagieren unterwegs etwas passieren sollte, kann der Busfahrer informiert werden. Hier dagegen werden Kinder in einem komplett überfüllten Bus *oft ohne Rücksicht auf Verluste* befördert. Der Schulbus kommt im Dorf lediglich früh am Morgen einmal vorbei, da müssen dann alle Kinder reinpassen - manchmal wie die Kisten in einen LKW. Ein Schüler, der nicht wie eine Kiste transportiert werden will, kommt nicht zur Schule. Und wenn der Bus weg ist, ist er wirklich weg. Erst gegen mittags oder abends wird er das Dorf wieder beehren.

Nicht besser wird die ganze Sache dadurch, dass die Kinder auch noch Unmengen an Dingen zu transportieren haben: Büchertasche, Musikinstrument, Sportgerät und Sportsack ...

Man mag ja erwidern, dass der Transport in Tansania schlimmer ist als hier. Oder man mag auch einwenden, dass es dort gar keinen Schulbus gibt und die Kinder zwei Stunden laufen müssen um zur Schule zu kommen. Doch weshalb sollte man das afrikanische Schultransportssystem mit unserem System hier zu vergleichen?

Denn selbst wenn diese Einwände stimmen mögen, so bringen sie noch lang keine Verbesserung der jetzigen Zustände ...

Nun denn, ob solche Fragen das Richtige sind? Eltern fahren zu ihrer Arbeit sicherer als ihre Kinder zur Schule. Bequem, privat und angeschnallt. Die Kinder sitzen in der Zwischenzeit in dem Bus. Warum schreiben Journalisten hier eigentlich so viel über das Fahren mit den Bussen in Afrika, und nicht über arme leidende Kinder in Deutschland?

Wer weiß, vielleicht ist das der Grund, weshalb die Kinder hier nicht gerne in die Schule gehen! Für mich war es doch eine ziemliche Überraschung, als ich von einem Schüler hörte, der das Zur-Schule-gehen mit dem Zum-Zahnarzt-gehen verglich. Schließlich sehen die Schulen hier doch sehr schön aus. Auch sind bei uns Schulen für viele Kinder das Beste überhaupt, weil dort besser gegessen wird und die Kinder da ja auch weg sind von der Kinderarbeit.

Journalisten aus Deutschland beschreiben die Schulen bei uns dann häufig sehr genau und machen sogar Bilder davon. Auf teilweise sehr unmoralische und unprofessionelle Art wird mit solchen Bildern hier dann ohne Genehmigung der Betroffenen Gewinn gemacht. Über Erwachsene in vollen Bussen in Afrika wird hier also vielleicht richtig berichtet - aber wäre es nicht das Richtige, zuerst das Problem der Kinder hier zu thematisieren? Richtig machen oder das Richtige machen? Die Entscheidung ist nicht immer einfach: Viele Eltern fahren ihre Kinder - auch wenn es nur kurze Strecken sind - mit ihrem Privat-PKW zur Schule. Diese Entwicklung ist auch etwas kritisch zu betrachten, weil ich mich frage, ob die Kinder nicht verwöhnt werden. Na ja! Man kann nicht alles verstehen, außerdem geht es in diesem Kapitel ja nicht um die Unterschiedlichkeiten im Transportwesen zwischen Tansania und Deutschland, sondern um die Haltung: *richtig machen oder das Richtige machen*

In der Kirche ist dieses Phänomen manchmal deutlich zu beobachten. Beschäftig man sich etwa mit der Institutionalisierung der Organisation und der Verwaltung der Kirche, so muss man sagen: Richtig gemacht!

Aber das Richtige - das Wort, Gebet und Erfahrungen teilen, die Mission - bleibt das nicht eine spannende Aufgabe? Viel Zeit bleibt dafür nicht übrig. Verwaltung hätte ja auch jemand anders machen können, denn eigentlich sollte die evangelische Kirche ja keine starre Institution sein, sondern eine Bewegung! Die Provokation des französischen Theologen und Professors Alfred Loisy: »Jesus verkündete das Reich Gottes, gekommen ist die Kirche!« stellt die Kirche vor eine große Herausforderung. Man erlebt das Reich Gottes aber in Gemeinschaft. Gott selber stiftet Gemeinschaft! Im Dreifaltigkeitsverständnis ist er der Archetypus von Gemeinschaft.

Klar, woanders ist es auch nicht besser. Die Gesetze und Regeln werden zwar richtig vollzogen, doch was getan wird, ist eben nicht immer das Richtige. Aber wenn es um ernsthafte Sachen geht, wenn es um Leben geht, da wird diese Mentalität noch in Frage gestellt. Die Gesetze werden perfekt gelesen. Doch was eigentlich passiert und was das Gesetz uns sagt, das können zwei sehr unterschiedliche Welten sein.

Antony de Mello schildert in diesem Zusammenhang das Familiengespräch bei dem damaligen USA-Präsidenten Taft. Dieser saß eines

Abends beim Essen, als sein jüngster Sohn eine respektlose Bemerkung über seinen Vater machte. Alle waren entsetzt über die Unverfrorenheit des Jungen. Es breitete sich ein verlegendes Schweigen im Zimmer aus. Mrs. Taft fragte: »Willst du ihn nicht bestrafen?«

»Wenn die Bemerkung an mich als seinen Vater gerichtet ist, dann wird er bestimmt bestraft werden«, antwortete Taft, »wenn er sie allerdings gegenüber dem Präsidenten der Vereinigten Staaten von Amerika machte, dann ist das sein verfassungsmäßiges Recht.«

Natürlich unterscheidet man hier einfach zwischen Amt und Person, aber gleichzeitig bekommt man hier auch einen Hinweis, dass eine Handlung *mal richtig* und *mal das Richtige* ist.

Die Roma etwa, werden deshalb nicht mehr Zigeuner genannt, weil eine derartige Bezeichnung ihrer nicht würdig ist. Schließlich spricht das Gesetz doch von der Unantastbarkeit der Würde des Menschen! Da wird etwas richtig gemacht - aber das Richtige wird nicht gemacht. Sie werden abgeschoben! Ihr Recht überall frei zu leben, erfahren sie kaum oder wird ihnen verweigert. - Zweierlei Menschenwürde!?

Dass sie dort, wo sie hin müssen, keine Zukunft haben, interessiert anscheinend niemanden. Vielleicht denkt mancher einfach: »So sagt es das Gesetz!« und *zack* - wird es so gemacht. Weil das nicht viele Einheimische betrifft, wird kaum gegen eine derartige Praxis protestiert. Oder gibt es etwa tatsächlich Leute, die glauben, dass derartige Abschiebungen das Richtige sind? Unser Land kann schließlich nicht alle MigrantInnen aufnehmen. Da ist doch klar.

Augenfällig wird eine derartig verschrobene Mentalität allerdings erst, wenn sie in den Städten und Kommunen zum Tragen kommt. Nicht mehr irgendwo, sondern vor unserer Haustüre, dort wo wir wohnen. Und genau da ist es uns dann nicht mehr egal.

Wenn da z. B. eine Autobahn gebaut wird und die Architekten und Ingenieure dafür Pläne entwickeln, dann wirkt das auf den ersten Blick meist mehr als perfekt. Aber die wirklich wichtigen Fragen werden kaum richtig gestellt. Es interessiert zunächst doch auch nicht, ob die Autobahn wirklich gebraucht wird. Nein! Es wird doch vielmehr Wert darauf gelegt, dass der Bau richtig gemacht wird.

In einem schier unglaublichen Tempo treffen Politiker ihre Entscheidungen. Natürlich wird richtig diskutiert - fraglich sind demhingegen oft die Ergebnisse: Ist das wirklich das Richtige?

Natürlich muss man auch eingestehen, dass schnelle Entscheidungen von den Bürgern gewünscht werden und Nachforschungen ihre Zeit brauchen. Wer kann schon sagen, was zukünftig als das Richtige angesehen wird?

Problematisch ist es natürlich, dass auch in anderen Bereichen derartig gehandelt wird. Wenn etwa Waffen nach diesen Mustern hergestellt werden, dann ist das ganz offensichtlich nicht das Richtige! Selbst wenn das Barvermögen so richtig investiert ist, so ist dies noch lange nicht die richtige Investition. *Terror und Gewalt made in Germany* - es gibt Menschen, die hiergegen kämpfen.

Geschäftsleute nutzen diese einmaligen Denkmuster in der Werbung und in Verträgen. Die machen es richtig. Werbungen werden richtig aufgestellt. Das Attraktive, der Gegenstand, für den geworben wird, den stellt man *richtig* heraus. Aber das Juristische, das was eigentlich wichtig ist wird klein darunter geschrieben – möglichst unsichtbar. In der Finanzkrise wurde das deutlich, als es kaum noch jemanden gab, der seine Börsenpapiere wirklich verstand. Heute weiß man: Alles Wichtige wird klein geschrieben. Es ist also gefährlich, wenn etwas nur richtig gemacht wird, aber nicht das Richtige. Hierin unterscheiden sich auch die Begriffe *Management* und *Leadership*.

Der Eine macht etwas richtig, und der Andere macht das Richtige. Vielleicht brauchen wir beides. Allerdings sollte man hierzu natürlich wissen, wann wir was richtig machen müssen, und wann wir das Richtige machen sollten. In der deutschen Sprache gibt es keine Unterscheidung zwischen den beiden Begriffen - *Management* und *Leadership*. Bedeutet das jedoch, dass hier entweder nur das Eine oder das Andere möglich ist? Also dass entweder nur das Richtige getan werden kann ODER etwas richtig gemacht werden kann? In diesem Zusammenhang hätte man ja fragen können: Na ja, was soll man von einer leistungsorientierten Gesellschaft erwarten? Nein! Deutschland ist nicht nur eine leistungsorientierte Gesellschaft, sondern auch eine Spaßgesellschaft!

Und diese Spaßgesellschaft nimmt uns, genauso wie die Anforderungen der Gesellschaft, zunehmend gefangen. Da haben wir teilweise nur wenig Einfluss, *das Richtige* zu machen. Wir können es nur *richtig* machen. Oder folgen wir dem Ausspruch des Apostel Paulus (1. Korinther 6, 9-14. 18-20): »Alles ist mir erlaubt, aber nicht alles dient zum Guten.«

Unserer Freiheit hat sich unbemerkt zu einem Gefängnis gewandelt. Schönheitskult und Erfolgszwang sind nur wenige Beispiele, die uns immer wieder von neuem gefangen nehmen. Selbstverständlich ist derartiges nicht verboten, dennoch dient es nicht dem Guten! Na ja, vielleicht klingt das jetzt schon zu biblisch! Trotzdem! Eine Freiheit, die uns der Freiheit beraubt, sollte uns doch zu denken geben! Wir verbannen uns selbst ins Gefängnis.

Man fragt sich ja: Was macht mir Spaß? Oder dann genauer: Wozu habe ich Lust? Aber das Richtige fragt man kaum: Was kommt Gutes dabei heraus? Nützt es meinen Mitmenschen?

Stimmt das sachlich, fachlich und rechnerisch?

»Auch für eine Unterschrift braucht man eine Unterschrift.«

Direkt auf die Information hin, dass wir nach Deutschland kommen würden, folgten stapelweise Briefe, Bögen und Formulare, die wir alle auszufüllen hatten. Informationen fürs Visum - vollkommen nachvollziehbar! Aber dann für Versicherungen, Gesundheitskontrolle, Arbeitsamt und und und ...

Meist erreichten uns Kopien auf Deutsch, von denen wir nicht einmal die Hälfte verstehen konnten. Wir haben da dann einfach nicht groß weiter darauf geachtet. Dann reisten wir nach Deutschland. In der Nähe vom Flughafen, bevor die Maschine in Deutschland landete, hatten wir die Felder der Bauern von oben gesehen. Alles sah sehr geordnet aus. Die Felder waren nicht uniform. Aber man erkannte deutlich eine bestimmte Ordnung. Ordnung schien in diesem Land ein wichtiger Punkt zu sein. Deutschland - ein Ordnungsland!

Im Laufe der Zeit bestätigte sich dieser Eindruck: Was für ein Land mit so vielen Gesetzen. Für jedes kleine Ding muss man hier Bögen ausfüllen. Hier wird eine Bescheinigung verlangt, dort nach einem Stempel gefragt. Unterschriften, Formulare und Bögen. Für jedes Papier gab es ein weiteres Papier! Deutschland - das Land der Papiere!

Als wir in Bochum waren, behaupteten manche, dass man in Bayern besonders genau ist. Sie wussten nicht, dass wir nach Bayern kommen. Das war dann wieder *Aua-aua*! Ein Komiker brachte die Situation mit folgendem Witz auf den Punkt:

Ein Deutscher und ein Amerikaner wetten, wer schneller ein Haus bauen kann.

Nach vier Wochen telegrafiert der Amerikaner: »Noch 14 Tage und ich bin fertig!«

Antwortet der Deutsche: »Noch 14 Formulare und dann fang ich an!«

Es ist ja nicht so, als hätte man hier diese Problematik nicht erkannt. Seit Jahren gibt es in Deutschland sogar eine Kommission, die sich regelmäßig trifft und berät, wie man die so genannte Verwaltung vereinfachen könne. Leider kam bisher nichts weiter heraus, als weitere Formulare ...

Besonders vertraut mit PCs, an denen all die Bögen, Stempel und Unterschriften ordentlich bearbeitet werden, scheinen ja neuerdings die Pfleger in Altenheimen zu sein. Natürlich ist derartiges für einen ordnungsgemäßen Ablauf notwendig - genaueres weiß man allerdings noch nicht. Es verkehrt sich dabei manchmal jedoch ins Gegenteil, so dass die Pflegekräfte nicht mehr viel Zeit für die Senioren haben. Diese älteren Menschen schaffen das Zack-zack ja nicht mehr. Also ich hätte Angst davor, hier alt zu werden. Schließlich haben die lieben Senioren lang und hart für eine bessere Zukunft gespart und nicht dafür, besser in einem elektronischen System verwaltet zu werden. In diesem Kontext erscheinen Voltaires Worte sehr zutreffend: »In der ersten Hälfte unseres Lebens opfern wir unsere Gesundheit, um Geld zu verdienen. In der zweiten Hälfte unseres Lebens opfern wir das Geld, um unsere Gesundheit wiederzuerlangen.« Man merkt hier relativ rasch, dass die Aussage *Alt ist Gold* nicht überall stimmt.

Ähnliches wie für Pflegekräfte gilt für ErzieherInnen und Eltern. Deutlich wurde uns das, als unser Kleiner etwa ein Jahr alt war und sich doch schon so einigen Anforderungen in dieser Hinsicht gewachsen zeigen musste. Er sollte in eine Kinderkrippe gehen, da meine Frau sich weiterbilden wollte. Wir beantragten also einen Platz in der Kinderkrippe. Mit der Dokumentenflut, die wir damit auslösten, hatten wir allerdings nicht gerechnet. Von der Kinderkrippe kamen ein paar Formulare. Und von der Stadt noch ein paar mehr. Meine Frau hat mich gefragt: »Geht unser Kleiner nun an die Uni oder einfach nur in die Kinderkrippe?« Sie fragte dies, da unser Kleiner tatsächlich mehr Formulare brauchte als sie, die eine Zulassung für ein Studium beantragt hatte. Ab diesem Zeitpunkt trudelten jede Woche bei uns noch weitere Bögen ein. Da musste unterschrieben werden, ob das Kind fotografiert werden darf, ob das Kind von jemandem anders abgeholt würde, oder ob das Kind an einer bestimmten Aktion mitmachen dürfe ... Mittlerweile lassen wir uns von solchen Formularen einfach überraschen, denn letztendlich liegt dieser Drang nach immer noch mehr Unterschriften und Formularen doch in einem absurden Sicherheitsbedürfnis begründet. Jeder möchte sich absichern und versichern - es könnte ja etwas schief gehen. Das ist ja klar.

Eine weitere Überraschung waren auch die Regeln in Deutschland. Was für ein Land mit so vielen Regeln und Gesetzen! Alles ist geregelt. Erst, als wir nach einer Weile bemerkten, dass auch die meisten Einheimischen diese Gesetze nicht wirklich durchblicken, waren wir beruhigt. Man ist doch sehr verunsichert, wenn man nicht genau weiß, was recht ist und was nicht. Zum Glück gibt es aber genug Mechanismen, die dafür sorgen, dass die Menschen all die Gesetze und Regeln befolgen. Es gibt die Polizei, Videokameras, automatischen Alarm usw.

Aufmerksamkeit ist also das Gebot der Stunde, um zu überblicken, für welch unglaublichen Dinge es Regeln gibt. Anfangs hatten wir gedacht, dass diese vielen Regeln doch sicherlich die Kriminalität hier in Deutschland reduziert haben müssten. Doch so ist es nicht, auch wenn Alarmanlagen und Videoüberwachung ihr bestes tun. So vergaß jemand einmal, an einer Tankstelle zu bezahlen. Nach zwei Wochen bekam er einen sehr höflichen Brief, in dem stand, dass er einmal getankt, aber nicht bezahlt habe. Äußerst zuvorkommend wurde er nun gebeten innerhalb von zwei Wochen zu bezahlen. Das ist doch gut. Innerhalb von diesen 14 Tagen kann man genug arbeiten um Geld zu verdienen, mit dem man das Benzin bezahlen kann.

Also, ich hätte trotzdem Angst vor all den Regeln und Gesetzen in Deutschland. Anfangs hatten wir noch gedacht, dass man vermutlich nicht all die Gesetze kennen und beachten müsse - anders wäre das doch auch utopisch.

Dass einige Regeln tatsächlich mehr Richtlinie als Gesetz sind, erlebt man am deutlichsten auf der Autobahn. Sogar Senioren rasen dort - ganz unabhängig davon - ob sie dadurch Geschwindigkeitsgrenzen überschreiten oder nicht. Egal ob es regnet oder stürmt. Tja, und wenn schon Senioren ein derartiges Verhalten an den Tag legen, braucht man vermutlich gar nicht mehr zu kommentieren, wie Jugendliche Verkehrsregeln interpretieren. Auch Vorfahrtsregeln sind nicht in Stein gemeißelt. Darauf muss man immer achten. Wer etwa ein besseres Auto oder neueres Auto hat, der hat Vorfahrt - einfach wie bei uns in Tansania.

Wenn man von Regeln und Gesetzen in Deutschland spricht, spricht man immer auch gleichzeitig von Steuern. Es gibt erstaunlich viele Steuern. Man kann das Steuersystem nicht so einfach verstehen. Die Steuererklärung war für uns also eine der allerschlimmsten Pflichten. Ich hatte eine ganze Reihe Menschen gefragt, ob sie mir helfen könnten, das Steuererklärungsformular auszufüllen. Leider ohne Erfolg. »Ich nicht, das macht mein Mann.« oder umgekehrt »Das macht meine Frau.« oder »Da hilft uns ein Verwandter, der Beamter ist.« kaum jemand, der seine Steuererklärung selbst ausfüllte, und damit niemand, der uns helfen konnte. Schließlich habe ich die Steuererklärungsformulare also doch selber ausgefüllt und mit nur sehr wenigen Variablen ging es sogar einigermaßen. Vermutlich war ich sogar besser als viele, die es nicht selbst wagen, das zu machen. Ich habe auch eine Kopie für mich gemacht, damit ich in dem folgenden Jahr ein Muster-Exemplar habe. Das war dann sehr praktisch. Plötzlich hatte das Finanzamt jedoch die Bögen geändert oder einfach umgeordnet. Da hatte ich dann wieder die gleiche Krise. Unglaublich war es allerdings, als ein Beamter im Finanzamt mir nicht erklären konnte, ob nun eine der Variablen bei mir falsch war oder nicht. Er musste seine Kollegin fragen. Die war sich aber auch nicht sicher. Mit diesem Erlebnis wurde mir klar, dass selbst die Beamten das System anscheindend nicht vollständig verstehen. Wenn nun aber selbst die Beamten es nicht schaffen ein Steuerformular korrekt auszufüllen, wie soll dies dann ein einfacher Bürger können? Von einem Zugezogenen gar nicht erst zu reden! Eine Regel besagt ja sogar, dass die Beamten den Menschen nicht helfen dürfen, ihre Steuererklärungsformulare auszufüllen. Tja, nun kennen wir die Gründe.

Wissen Sie eigentlich, wie viele Formulare ausgefüllt werden müssen, wenn Sie sterben? Ja, Wenn Sie schon tot sind? Wir rechnen mit einem vollen Akt. Falls Sie jedoch ein Kind, einen Mann oder eine Frau haben, dann wird dies vermutlich nicht reichen. Ich hatte dies glücklicherweise bisher erst einmal erlebt, als ich einer Bekannten helfen wollte! Da mussten wir als Trauende zu unheimlich vielen Beamten »Guten Tag« sagen. Zu manchen Behörden sind wir mit allen Akten gegangen, da wir nicht wussten, nach welchem Dokument noch gefragt würde. Es nützte auch nichts, dem Herrn Beamten zu sagen: »Er ist doch schon tot, all die Dokumente helfen gar nicht mehr.« Dieser antwortete darauf lediglich mit einem trockenen: »Trotzdem, muss sachlich, rechnerisch und fachlich alles stimmen.«

Na dann? Jeden Tag müssen alle Akten kontrolliert werden. Es muss geprüft werden, ob alle Dokumente da sind. Glücklicherweise ist es kein Problem, wenn ein Dokument fehlt, man muss dann lediglich weitere Formulare ausfüllen. Dann stimmt angeblich alles wieder!

VERSICHERUNGEN VERUNSICHERTEN UNS NOCH MEHR

Das Gesicht des Menschen erkennst du bei Licht,
seinen Charakter im Dunkeln.
Konfuzius

Versicherungen sind hier das A und O. Es geht nicht ohne Versicherungen. So hätte man gedacht, auch wenn man nicht so genau weiß, ob alle Versicherungen denn wirklich funktionieren. Aber eine ist sicher. Vielleicht dauert es ein bisschen länger. Es kann eine Stunde sein, bis die Hilfe kommt - aber verlassen Sie sich darauf, er kommt. Der ADAC! Wer ein gebrauchtes Auto fährt, kennt diese Geschichte schon. Wer ein neues fährt - auch!

Jede Woche bekomme ich Werbungen für neue und noch bessere Versicherungen. Bisher bin ich gegen verschiedene Risiken versichert. Viele davon verstehe ich eigentlich nicht. In Tansania konnte ich über 30 Jahre lang ohne Versicherung überleben. Hier unvorstellbar!

Andererseits: Wenn ich in Afrika so lange ohne Versicherung gelebt habe, wofür brauche ich sie dann hier? So fragten wir anfangs. Denn das Gehalt fließt schließlich in diese Versicherungen. Ob ich hier jedoch wirklich sicherer bin als in Afrika, wo ich doch viel länger ohne Versicherung gelebt hatte, da bin ich mir nicht sicher. Manchmal hatten wir vielmehr das Gefühl, dass die ganzen Versicherungen uns, statt abzusichern verunsicherten. Wir stellten uns plötzlich die Frage: Sind wir auch wirklich gegen alle Risiken versichert?

Schließlich gibt es sogar für Ehen Versicherungen. Ehe? Ja! Die Ehe muss versichert werden. Sonst geht sie kaputt!

Viele wissen ja nicht, dass es bereits *Eheversicherungen* gibt. Wer heiraten möchte, sollte damit rechnen, dass er eine neue Ehe-Versicherungskarte braucht. Eigentlich müsste man also davon ausgehen, dass die Scheidungsrate (teilweise bei 60%) in manchen Gebieten lediglich aufgrund bloßer Unkenntnis so hoch ist. Wenn die Ehe kaputt zu gehen droht, braucht man Hilfe, das ist klar, also wendet man sich dann an seine Versicherung. Da wird man dann aber erfahren, dass die Ehe-Versicherung zwar da ist, sich aber leider nicht mit der Rettung der Ehe beschäftigt. Was dann?

Natürlich ist die Scheidung nicht nur mit Ärger und Schmerzen verbunden, wie man oft denkt. Nein - es entstehen auch erhebliche Kosten. Die Versicherung deckt sämtliche Anwaltshonorare und Gerichtskosten, die durch die Scheidung entstehen. Die Partner erleben die Trennung dann angeblich als weniger schmerzlich. Eigentlich sichert die Eheversicherung also, dass die Ehe schnell und schmerzlos kaputt geht. Da waren wir dann doch ein wenig überfordert.

Ein wenig überfordet fühlte ich mich auch, als ich einmal eine Ampel an einer Baustelle angefahren hatte: Es war Mitte Januar gegen 22:00 Uhr. Das gesamte Vaterland war weiß überzuckert. Das Thermometer zeigte -25°C. Tagsüber wurde berichtet, dass die A2 aufgrund des starken Schneefalls gesperrt wurde. »Aber die A2 und die A96 sind doch wie Himmel und Erde voneinander entfernt«, so dachte ich. Die Ausfahrt von der Autobahn war leider unsichtbar. Da hatte ich mich dann verfahren. Und wie aus dem Nichts, stand plötzlich diese Baustelle vor mir. Bei der Suche nach der Ausfahrt bin ich dann leider an die Ampel gestoßen. Sie war ja komplett vom Schnee verdeckt. Es war 22:00 Uhr, es waren -25°C, und es waren lediglich 20 km bis nach Hause - nach 240 km problemloser Reise. Um Himmels Willen! Der Motor ging nicht mehr an. Da atmet man dann drei bis vier Mal, bevor man sich vergewissert, ob das, was einem passiert ist, wirklich wahr ist. Nun gut - ein klarer Fall für den ADAC oder? Der ADAC wollte kommen, aber es würde eine Stunde dauern. Ich war also darauf vorbereitet 60 Minuten im Schnee zu warten. So war es auch der Fall. Sie kamen nach etwa 80 Minuten. Egal. Hauptsache sie kamen. Die angefahrene Ampel würde die Versicherung bezahlen. Denn ich hatte ja meine monatlichen Beiträge bezahlt.

Pech gehabt! Wie üblich war die Versicherungsfirma sehr höflich. Vielleicht sogar mehr als man es eigentlich braucht. Also, die höfliche Versicherungsfirma schrieb nach ein paar Tagen, dass es besser sei, wenn ich den Schaden selbst bezahlen würde. Warum? Da kommt jetzt diese Sache, die bei jedem Vertrag immer ganz klein und in Fachsprache auf mindestens zwanzig Blättern am Ende angeschrieben steht und die nie jemand liest. Letztendlich war einfach gemeint, dass ich, wenn ich den Schaden selbst bezahlen würde, obwohl ich versichert bin, im Endeffekt günstiger wegkäme, da ansonsten meine Beiträge erhöht würden. Das heißt, nach einem Jahr würde ich an die Versicherung mehr zahlen, als der Schaden kosten würde. Also besser wäre es, wenn ich selbst zahlen würde. Das konnte ich nun wirklich nicht fassen: Monatlich muss ich in eine Versicherung zahlen und trotzdem den Schaden begleichen.

Beruhigt hatte mich lediglich, dass sich auch die Einheimischen mit diesen Dingen schwer tun: »…ich habe fünf Kinder groß gezogen, und alle sind mittlerweile berufstätig. Aber für jedes Kind bekomme ich gerade 25.- € als Rente, weil ich nicht berufstätig war. Meine Kinder jedoch finanzieren die Rente für die Rentner, die damals noch viel verdienten. Meine Kinder hätten mich jetzt bequem finanziell unterstützen können. Das ist doch unlogisch …«

Dieses Beispiel klang für mich tatsächlich unlogisch und ohne Basis. Das afrikanische System sah hier noch gerechter aus: *give and take – Geben und Nehmen*! Die Eltern kümmern sich um die Kinder und die Kinder sich später um die Eltern. Ist das System denn letztendlich nicht das gleiche wie hier, nur dass es hier institutionalisiert wurde? Derartiges fragten wir oft. Wenn wir die zunehmend höhere Lebenserwartung berücksichtigen, wird deutlich, wie gefährdet unser Sozialsystem ist. Bald werden Rentner essen, was ihre Kinder und Urenkelkinder jetzt sparen. Oder ist es gar schon so weit? Was werden die Kinder und Urenkel dann später essen? Es ist eine schwierige Frage. Stellen wir uns einen Mann vor, der lediglich 25 Jahre lang gearbeitet hat, da er einmal arbeitslos war. Als Rentner wird er nun vielleicht 35 Jahre lang leben, als Arbeitsloser erhielt er Sozialhilfe und als Kind über 18 Jahre lang Kindergeld. Er lebte also über 40 Jahre lang von sozialen Institutionen. Na ja, deshalb heißt es ja auch Sozialsystem. Es ist sozial, das heißt, die Schwachen werden unterstützt - es ist nicht nur ein bloßes *give and take*. Denn auch die Schwachen sind Teil des Ganzen. Das ist doch klar. Es handelt sich um Gerechtigkeit und Barmherzigkeit. Allerdings stellt sich die Frage, wie lange unser Sozialsystem in Hinblick auf den demographischen Wandel noch haltbar ist.

Oder brauchen wir doch wieder mehr Einwanderer!?

Eine derartige Frage klingt immer wie eine Provokation. Doch ohne Zuwanderung von außen wird es hier später nicht gehen. Es ist zu spät zu glauben, dass wir mehr Kinder haben könnten, die die Situation retten könnten. Es wird angenommen, dass die nachfolgende Generation um ein Viertel kleiner wird, als die vorherige. Wir brauchen mehr Einwanderer. Donnerwetter! Vielleicht ist dies hier grob gesagt. Aber trotzdem! Das aktuelle Schrumpfen der Gesellschaft wird durch Einwanderer gebremst. Natürlich bringt mehr Einwanderung gesellschaftliche Herausforderungen mit sich: Armut, soziale Ungleichheit und Ausgrenzung. Einwanderer haben tendenziell mehr Kinder und sind teilweise auch durch mangelnde Qualifizierungen eingeschränkt. Doch auch in Hinblick auf die Einwanderer, ist der soziale Gedanke anwendbar. Oder sollte es tatsächlich rein ums Geschäft gehen - *give and take*? Natürlich möchte ich hier auch nicht generalisieren, schließlich sind nicht alle Einwanderer von sozialen Problemen betroffen!

Will man nur Einwanderer, die was mitbringen, die qualifiziert sind? Egal ob sie dort wo sie herkommen gebraucht werden oder nicht? Wenn sie jedoch hier sind, mit all ihren Qualifikationen heißen sie nicht mehr Experten, sonder lediglich Arbeiter oder grob Migranten. Na ja, Man will ja nur jemanden, der die Maschinen bedienen kann. Das ist doch klar. Die Republik vergreist währenddessen. Dabei gibt es hier viele Beschäftigungen, die nicht durch Geräte erledigt werden können. Da brauchen wir die

Menschen. Da wären dann vielleicht doch die *Bindestrich-Kinder* oder *Bindestrich-Deutschen* gefragt. Ja! Kinder mit zwei Staatangehörigkeiten. Ich kann mir nicht vorstellen, dass man im Krankenhaus oder im Altenheim von einem Roboter wie in der Autoindustrie behandelt werden möchte - obwohl die Technik ja daran arbeitet. Da brauchen wir Menschen. Menschen die für ihren Job vielleicht sogar ganz gut bezahlt sind.

Auch bei uns sagt der Volksmund schließlich: *Der Mensch ist die beste Medizin des Menschen.*

Wenn die Karte wichtiger ist als der Mensch

»Obwohl du persönlich da bist: Wenn deine elektronische Karte nicht da ist, bist du in der Regel auch nicht da.«

Alles wird hier durch Karten geregelt. Hier braucht man ein zweites Portemonnaie, um all seine Karten unterzubringen.

Mit Karten erlebte ich damals eine Überraschung. Bereits am zweiten Tag in Deutschland bekam ich drei Karten von der Krankenkasse. Je eine für mich, meine Frau und unseren Sohn Ian. Am zweiten Tag bekam ich zwei weitere Karten. Bankkarten, eine für mich und die andere für meine Frau. Dann war eine Zeit lang Ruhe. Nach etwa einem Monat bekam ich dann drei Karten auf einmal - diesmal waren es zusätzliche Krankenversicherungskarten. Kurz darauf kamen zwei Bahnkarten - die sind notwendig, damit wir günstiger fahren können. Als wir Verwandte in Dänemark besuchen wollten, kamen erneut Karten von der Krankenversicherung. Mein Portemonnaie war nun voll. Ich benötigte ein neues für das Geld. Eigentlich hatte ich gedacht, dass dann Schluss wäre. Mit meinem Führerschein, zwei ADAC-Karten und zwei Karten für die Autoversicherung kamen jedoch wieder neue dazu. Eine Karte für das Sparkonto und eine Visakarte zum Online-Shopping ließen sich auch nicht vermeiden. Mittlerweile laufe ich nur noch mit Karten herum.

Es macht keinen Sinn mehr, sich zu fragen, wie viele Karten man eigentlich hat. Man hat sie einfach. Auch sollte man sich nicht in Sicherheit wiegen. Die Gefahr besteht, dass noch mehr Karten kommen: Ausweis und Postkarte stehen noch aus. Auch fragen gerade alle Geschäfte, ob man nicht ihre jeweilige Kundenkarte mitnehmen wolle, man bekäme Rabatt. Von welchen Geschäften braucht man Karten? Wir kaufen sehr frei überall und jede Woche ein. Wir kaufen doch viel? Sollten wir zum Einkaufen nicht alle Karten mitnehmen? Manchmal weiß man ja auch gar nicht so genau, was man alles einkaufen will. Man geht einfach ins Einkaufszentrum. Dort ergibt sich dann schon von selbst, was man alles einkaufen soll. Sie sehen: Alle Karten sollten dann dabei sein.

Und nicht zu vergessen: Auch in der Arbeit werden sowohl die Türen als auch die Arbeitsstunden durch Karten kontrolliert. Geglaubt wird nur, was elektronisch und durch die Karte erledigt wurde. Und das, was geklickt wurde - manchmal auch durch Doppel-Klick: *Klick-Klick*.

Mit den ganzen Karten kommt es uns manchmal so vor, als ob wir nackt wären. All unsere privaten Daten verstreut im digitalen Universum - ungreifbar. Pro Tag verstreue ich selbst ja unendlich oft meine Daten. Klar gibt es bereits ein Gesetz über Datenschutz. Dummerweise kennen die Karten dieses Gesetz nicht. Durch all unsere Karten wissen viele Menschen mehr über uns, als wir über uns selbst.

Die Konsequenzen habe ich durch Spam-Mails schon ein wenig zu Kosten gekriegt. Keine Frage woher die meine E-Mail-Adresse haben, kann gut sein, dass ich ihnen diese Informationen unbewusst freiwillig übermittelte. Vielleicht im Supermarkt, als ich neulich mit unserer Karte bezahlte. Keine Ahnung was da für Informationen liegen blieben. Es ist nicht ohne! Aber mit so vielen Karten weiß ich manchmal nicht mehr, welche Karte sicher ist, und welche unsicher. Man gibt einfach seine Karte.

Aber eine Lösung für dieses Problem ist ja in Sicht: Eine neue Karte ist unterwegs, die komplett all unsere Daten bündeln soll - so haben wir nicht mehr so viele Karten. Eine klasse Vereinfachung? Seien wir nicht zu optimistisch. Der Kunde im Supermarkt kann später leicht kontrolliert werden, welche Produkte er wann und wie oft kauft, aber auch welche anderen Supermärkte er regelmäßig besucht. Bestimmt muss unser lieber Kunde dann nicht lange auf passende Werbung warten, in der seine Lieblingsprodukte angepriesen werden. Das kann ganz harmlos sein aber eben auch nicht. Auf gut Deutsch heißt es: »Schauen wir mal«. Übertrieben ist der Kartenwahn aber dann, wenn die Karten personifiziert werden und wichtiger als der Karteninhaber sind.

Die Tendenz zeigt sich recht deutlich beim Pass. Es wird gerade ein elektronischer Pass hergestellt. Ohne diese Karte wird man nicht erkannt oder anerkannt. Vielleicht ist man ohne auch nichts wert. Da können Sie als Mensch da sein so viel Sie wollen. Ohne Pass sind Sie nicht existent. Einheimische bekommen davon vielleicht nicht ganz so viel mit. Die Fremden dafür umso mehr. Wertvoll ist ja das Papier, das sie immer dabei haben müssen. Als Mensch sind Sie nur dann ein Mensch, wenn ein entsprechendes Papier das belegen kann. Mehr nicht.

Bert Brecht formulierte dies folgendermaßen: »Der Pass ist der edelste Teil von einem Menschen. Er kommt auch nicht auf so einfache Weise zustande wie ein Mensch. Ein Mensch kann überall zustande kommen, auf die leichtsinnigste Art und ohne gescheiten Grund. Aber ein PASS niemals! Dafür wird er auch anerkannt, wenn er gut ist, während ein Mensch noch so gut sein kann und doch nicht anerkannt wird.«

Navi verzauberte uns – wenn es gut gelaunt war

Wenn man den Weg verliert, lernt man ihn kennen
Volk der Tureg, Nordafrika

Nach einer Woche in Deutschland waren wir sehr mutig. Wir wollten nach Heidelberg fahren, um eine Verwandte zu besuchen. Da das Fahren mit der Deutschen Bahn für uns noch fremd war, saßen wir leider im falschen Zug bis Ansbach. Als der Zug in Ansbach nicht mehr weiter fuhr und außer uns niemand mehr im Wagen saß, stiegen wir auch aus.

Gott sei Dank sprach der Zugführer Englisch. Er erklärte uns, dass wir in den falschen Zug gestiegen seien. Während dieses Gesprächs kam unser Zug nach Heidelberg. Dummerweise auf einem anderen Gleis. Der Zugführer zeigte ihn uns noch, aber da war es schon zu spät, da der Zug weiter fuhr, bevor wir auch nur das Gleis erreichten. Da mussten wir auf den nächsten Zug warten. Immerhin, es gab einen nächsten Zug. Woanders in der Welt hätte man drei Tage lang warten müssen. Wir sind also erst spät in Heidelberg angekommen. Dabei war unser eigentliches Ziel noch nicht einmal Heidelberg, sondern genauer: Edingen-Neckarhausen, wo unsere Gastgeberin wohnte.

Nachdem wir doch endlich Heidelberg erreicht hatten, rief ich unsere Verwandte an und erzählte ihr, warum wir erst so spät ankamen. Sie ließ sich einen Taxifahrer, der zufällig in der Nähe war, geben, und teilte ihm ihre Adresse mit. Der Taxifahrer gab diese in ein kleines Gerät ein - und schon ging die Fahrt los.

Ich beobachtete genau, was der Bildschirm des Geräts anzeigte. Zusätzlich hörte man aber auch die Stimme einer Frau, aber wir verstanden damals natürlich noch nicht, was sie sagte. Es ist aber anzunehmen, dass sie Dinge sagte wie: »Nach 50 Metern links abbiegen und dann weiter geradeaus.« Es war wie echte Zauberei. Schon nach etwa 15 Minuten erreichten wir Neckarhausen. »Sie haben Ihr Ziel erreicht. Es befindet sich rechts.« war vermutlich der letzte Satz.

In dem Augenblick, als wir die Autotür öffneten, öffnete auch unsere Gastgeberin die Tür. Ein perfektes Gerät.

Es dauerte noch eine ganze Weile, bis wir erfuhren, dass dieses Gerät *Navigationsgerät* und die Technik hierzu GPS heißt. Faszination der Technik. Als ich in meiner späteren Tätigkeit hier einmal sage und schreibe 40 Minuten lang mit dem Auto in einer fremden Stadt herumkurvte um eine Gemeinde zu suchen, habe ich mir auch eines organisiert. Es schien perfekt zu sein.

Von Anfang an konnten wir also den hier herrschenden Drang nach Perfektionismus beobachten. Die Gesellschaft hier will perfekt sein - in jeder Hinsicht. Ja, mit einem derartigen Gerät strebt man nach Perfektionismus, andererseits gibt man aber auch Verantwortung ab. Mit einem Navigationsgerät spielt der Schutzengel bei einer Reise keine Rolle mehr. Warum sollte er auch? Jemand, der heute noch vor Reiseantritt betet, wird als abergläubisch angesehen. Falls man seinen Zielort auf einer Landkarte nicht findet, fragt man sein Navigationsgerät. Dieses sagt einem nicht nur, wo man seinen Zielort findet, sondern sogar wie lange man bis dorthin unterwegs ist. Es gibt keine Überraschungen mehr, man weiß schon vorher, ob man pünktlich sein wird oder nicht, und falls nicht, dann fährt man halt ein wenig schneller. Das Gerät fragt auch, ob man über Autobahn oder Landstraße fahren will, Hotels und Tankstellen werden angezeigt, alles wie man es gerade will. Der Fahrer oder die Fahrerin muss sich nur noch entscheiden. Tja, das mit der Entscheidung ist natürlich noch so eine Sache.

Eines Tages wollte etwa einmal jemand von Bayern aus nach Berlin fahren, hat es aber ins *Navi* falsch eingegeben. Gemütlich fuhr er dann viele Stunden lang bis an die Grenze zwischen Deutschland und der Schweiz. Sicherlich war das ein Tourist, denn eigentlich schaut man doch auch auf die Schilder. Er aber schaute nicht. Der Fuß war immer am Gas, per Automatik geht das leider wie von selbst. Autofahren heißt doch schalten! Aber das *Navi* hatte keinen Fehler gemacht, sondern der Mann. Wenn die Chagga ams Kilimandcharo sagen: »Genau weiß man woher, aber nicht wohin«, sagt das *Navi* es anders: »Jeder weiß, wo er hin will, aber keiner weiß, wo er ist.«

Aber es gibt natürlich auch andere Fälle. So folgte einmal eine Frau vertrauensvoll den Ansagen ihres *Navi* - wie es viele von uns machen - und landete neben einem Schiff in einem Fluss. Das Gerät sagte: »Rechts abbiegen, dann geradeaus. Folgen Sie dem Straßenverlauf etwa 10 km.« Nach nur 50 Metern stand die Frau im Wasser. In diesem Fall war die Frau nicht alleine Schuld, sondern auch das Gerät.

Sicherlich hat jeder schon einmal erlebt, dass sein Navi so seltsame Ansagen macht wie: »In 50 m links abbiegen« und das in einem Kreisverkehr! Oder dieselbe Ansage - auf der Autobahn! Das geht doch nicht. Auf der Autobahn kann ich eben nur rechts abbiegen. Das Gerät sagt es aber eben. Ich glaube oft, dass es immer davon abhängig ist, wie gut das Gerät gelaunt ist. Andere denken, dass es davon abhängt, wie neu die Software ist.

Na ja! Eines erlebt man mit *Navi* sicher: Überraschung! Wenn das Gerät mal wieder schlecht gelaunt ist, kann es einen schon gewaltig überraschen. So versteht es einfach nicht, wenn die Straße, die es gerne nehmen würde, gesperrt ist. Es beharrt auf seiner Ansage »Auf dieser Straße 50 km weiter fahren.« Umleitungen versteht es schon gar nicht. Also, Umleitungen muss man sich selber suchen - und alleine weiter fahren, weil das *Navi* auf seiner Aussage besteht: »Sie befinden sich im Sandkasten - wenn möglich bitte Wenden.« Das ist besonders dann ärgerlich, wenn die Zeit knapp ist. Noch mehr ärgere ich mich aber, wenn Hotels, Tankstellen und Therapiezentren als Vorschläge angeboten werden, während man noch den Zielort sucht. Oder dann, wenn das Navi mitten in der Stadt sagt, dass es kein Signal bekommt. Bevor man mit *Navi* heimfährt, muss man die eingegebene Adresse kontrollieren. Wenn die Adresse nicht geändert wird, man aber in einem anderen Ort ist, kann es einem schnell passieren, dass man für Stunden im Kreis fährt. Es gibt ja Leute, die nach ein paar Runden feststellen können, dass sie den Ort noch nicht verlassen haben. Manche aber halt leider nicht - *Navi* verhindert, dass man sich orientiert.

Auf die Frau, die aus dem *Navi* spricht, ist leider nicht immer Verlass. Natürlich sagt man, dass manche Frauen mit rechts und links Probleme haben. Einige der bis dato leidgeplagten Männer hatten also vermutlich geglaubt, dass die Frau im *Navi* die Rettung vor ihren Frauen wäre. Denn die *Navi-Frau* hat ja kein Problem mit rechts und links.

Aber vergessen wir nicht: Es gibt auch Männer, die Probleme mit links und rechts haben. Das scheint für Frauen seltsamerweise kein Problem zu sein. Vielleicht liegt das auch daran, dass die Männer hier ihre Frauen nur ungern Autofahren lassen. Vermutlich kommt dies wiederum daher, dass die Damen so schlecht einparken. Leider kann man als Fremder nur schwer beurteilen, ob das nun ein Gerücht ist oder nicht. Das braucht einfach Zeit. Die wenigen Frauen, die bei uns ein Auto besitzen, parken aber auf jeden Fall immer recht gemütlich ein.

Also, viele Frauen wissen nicht, ob ihre Männer während der Fahrt Probleme mit links und rechts haben, da ihre Männer immer hinterm Steuer sitzen. Das ist ein recht aktuelles Thema, denn einige Navifirmen wollen nun auch attraktive männliche Stimmen bei Navigationsgeräten einsetzen. Oder gibt es das schon?

Wenn dem so wäre, sollten sie das Klischee, dass Frauen länger als Männer reden, nicht bedienen. Männer ein Wort, Frauen ein Wörterbuch! So fände ich es schön, wenn die Frauenstimme im Navi am Ende der Reise einfach sagt: »Nach 200 m Ankunft.« Und die Männerstimme: »Nach 200 m haben Sie ihren Bestimmungsort erreicht.« Bitte auf keinen Fall umgekehrt! Klischees haben ja auch Auswirkungen! Solche Herausforderungen mit technischem Gerät lassen Ehepaare beim Fahren wieder zusammenarbeiten. Der Unterschied ist nur, dass nun zu dritt - mit dem *Navi* - gearbeitet wird. Alle drei bringen ihre Kompetenz in die Reise ein, um das Ziel zu erreichen. Da unterhalten sich die Ehepaare sogar wieder. Sie brauchen sich schließlich gegenseitig, denn es kann sein, dass *Navi* manchmal schlecht gelaunt ist. Einfach so, und dann ist der Reisende völlig überrascht. Deshalb ist es auch wichtig, immer eine Landkarte für diesen Notfall dabei zu haben. Neulich habe ich meine alte Landkarte gesucht, die ich damals weggeworfen hatte, als ich *Navi* bekam. Gerade habe ich sogar wieder die Beziehung zu meinem Schutzengel erneuert. Und obwohl das Gerät anzeigt, dass ich spät ankommen werde, fahre ich langsam, denn ich weiß: »Wer wie der Teufel fährt, kann nicht auf Schutzengel zählen.« Ich bete also wieder, auch vor der Reise!

Wie in Afrika!

Umweltschutz hier und Umweltzerstörung da

Ein Boot kommt nicht voran, wenn jeder auf seine Art rudert.
Suaheli-Sprichwort

Viele Dinge, die wir hier erlebten, waren für uns nicht selbstverständlich. Es war für uns z. B. nicht leicht zu glauben, dass man hier aus gesundheitlichen Gründen Fahrrad fährt. Bei uns läuft man ja pro Tag so viel, dass man keinen Spaziergang mehr machen muss. Bei uns bedeutet Fahrradfahren, dass man kein Auto besitzt. Uns wurde dann relativ bald erklärt, dass man ganz bewusst Fahrrad fahre. Nicht nur aus gesundheitlichen Gründen, sondern auch der Umwelt zuliebe.

Auch die vielen verschiedenen Mülltonnen, die wir zum Zweck der Mülltrennung bekamen, zeigten uns ziemlich rasch, wie man hier über den Umweltschutz denkt. Welch eine Aufgabe! Donnerwetter! Es ging hier um die Umwelt. Da mussten wir unsere Kompetenz wieder einmal unter Beweis stellen. Wenn man in Deutschland wohnen möchte, muss man auch damit rechnen, dass man mit unendlich vielen Informationen bombardiert und konfrontiert wird. Wie viele Pflichten und Aufgaben!

Hier hätten wir sicherlich ein kleines Heftchen gebraucht. Vielleicht mit dem Titel *Abfalltrennungsanweisungsmanual.* Als Zugezogenem wird einem bald nach der Ankunft erklärt, dass man hier Müll sortiert. In so einem Fall gehen die Einheimischen sogar auf den Fremden zu. Es wird dir gezeigt, wohin man die Abfälle tut und wann du dran bist, die Mülltonne an die Straße zu bringen oder herein zu holen.

Auch in Tansania geht man mittlerweile in der Stadt mit Müll *bewusster* um. Aber so viel Trennung wie hier, ist dort noch nicht üblich. Also, diesen Wust an Regeln mussten wir überleben.

Wieder etwas, das uns zeigte, dass das Leben hier nicht langweilig wird.

Erstaunlich war nur, dass es tatsächlich Einheimische gibt, die sich nicht an diese Ordnung halten. Manche werfen einfach alles in die graue Tonne. Vielleicht wird man etwas achtlos, wenn man bei diesen ganzen Sortierungsregeln für jeden Abfall zunächst nachlesen muss, wohin er gehört. Trotzdem waren wir etwas enttäuscht, dass manche Einheimische so achtlos mit ihrem Müll umgingen. Als wir dieses Problem ansprachen, erklärte uns jemand: »Manchmal habe ich den Eindruck, dass die Mülltrennung hier bei uns fast eine *Glaubensfrage* ist. Einige trennen hundertprozentig genau und belehren ihre Mitmenschen auch gerne. Andere trennen überhaupt nicht, weil sie faul sind oder dem System nicht trauen.«

Trotzdem haben wir uns in dieser Angelegenheit immer vorbildlich verhalten, und gerade aufgrund der herrschenden Vorurteile alles richtig gemacht. Schließlich wollten wir die herrschenden Klischees nicht noch verschärfen. Der rücksichtslose Umgang mit Müll soll an dieser Stelle einfach einmal kritisiert werden, ganz abgesehen davon, dass auch in der Politik manchmal rücksichtslos mit Müll umgegangen wird.

Stellen Sie sich vor, einst las ich die Schlagzeile in der Zeitung: *Entsorgt: Deutscher Atommüll soll nach Russland*, das hätte mich beinahe dazu gebracht, mir mit der Müllsortierung keine Mühe mehr zu geben. Die Botschaft war schon klar: *Umweltschutz hier und Umweltzerstörung da.*

Freimut Woessner erklärt die Sache noch deutlicher: »Globalisierung? Ganz einfach! Produziert wird dort, wo Löhne und Sozialstandards am niedrigsten sind! Firmensitz ist dort, wo die Steuern am niedrigsten sind! Und gelebt wird dort, wo Umweltgesetze am schärfsten sind!«

Ich konnte die Diskussion *Entsorgt: Deutscher Atommüll soll nach Russland* leider nicht weiter verfolgen. Trotzdem habe ich mich aber gefragt: »Wenn wir (unsere) Probleme woanders hin exportieren, ist das Kernproblem dann gelöst?« Also, wenn wir derzeitige Probleme auf die nächste Generation verlagern, weil es uns dadurch in unserer heutigen Gesellschaft gut geht, ist das nicht nur unverantwortlich, sondern auch unmenschlich.

Globalisierung sollte doch auch bedeuten, dass die Menschenrechte globalisiert werden sollen. Denken Sie hierbei doch nur einmal an die ganze Problematik um Biobenzin. Man will Bio fahren. Demzufolge bauen die Bauern statt Nahrung Raps an, an dem sie mehr verdienen. Dies bedeutet jedoch im Umkehrschluss, dass der Preis von den Nahrungsmitteln steigt. Also leben wir Bio-Bio auf Kosten der anderen, die hungern müssen. Mittlerweile hat man ja auch festgestellt, dass die Biospritindustrie die Abholzung von Regenwäldern beschleunigt. Selbst wenn wir hier sämtliche Umweltschutzregeln einhalten - nützt dies nichts, wenn woanders die Umwelt zerstört wird! Schlussendlich kann Umweltschutz vermutlich nicht von der Frage nach der Ungerechtigkeit der Welt getrennt werden.

Was nützt uns sämtlicher Umweltschutz, wenn Menschen hungern müssen, damit wir hier umweltfreundlichen Strom haben. Man braucht doch kein Abitur um zu wissen, dass Öko-Strom und Hunger nicht gleichgesetzt werden können. Deshalb traue ich auch Nahrungsspekulanten zu, dass sie um eine derartige Problematik Bescheid wissen.

Auf der anderen Seite kann man sich nur wundern, wenn es Stau auf der Autobahn gibt. Bereits nach einer halben Stunde im Stau, etwa verursacht durch einen Unfall, kann man hören, dass er schon auf 30 km angewachsen ist. Ein schönes Beispiel um zu verdeutlichen, wie viele Autos unterwegs sind und CO_2 ausstoßen.

Jedes einzelne Auto, das jedoch unterwegs ist, ist gefährlich für unsere Umwelt. Hier werden die Auswirkungen der herrschenden Ich-Kultur deutlich. Jeder fährt sein oder ihr eigenes Auto. Das Konzept der Mitfahrzentralen steckt noch in den Kinderschuhen.

Wenn 500 Menschen nach Berlin fahren möchten, kann es nicht sein, dass auch 500 Autos nach Berlin fahren müssen. Da stimmt was nicht. Oder das Zugfahren sollte billiger werden. Leider liest man stattdessen jährlich: »Bahnfahren wird teurer!«

Hätte man die Subventionen für Biosprit doch nur in das Bahnfahren investiert! Oder kann es vielleicht sein, dass unser *umweltgerechtes Verhalten* nur unser schlechtes Gewissen beruhigen soll?

Doch! Man zahlt schließlich eine Kompensation für seine Umweltverschmutzungssünden wie das Vielfliegen.

Da kann man dann wieder ruhig viel fliegen, so oft man will.

Hundehaltung - nur den inneren Schweinehund überwinden?

Wer seinen Hund liebt, muss auch seine Flöhe lieben
Bantu, Afrika

Als jemand mir versprochen hatte, dass er mir eine Mitfahrgelegenheit anbieten könne, hatte ich extra früh draußen auf ihn gewartet. Ganz gemütlich. Er kam dann mit dem Auto und es war noch sehr dunkel. Weil wir angeblich nur zu zweit fahren würden, wollte ich wie üblich vorne einsteigen, damit wir uns gemütlich unterhalten könnten. Als ich die Tür öffnete, saß da ein Hund. Er saß da, wo ich sitzen wollte. Es war ein sehr großer Hund. Das war schon krass.

Ich musste mich also nach hinten setzen. Da war ich nach der kurzen Begrüßung erst mal sprachlos. Ich brauchte zunächst Zeit für mich, um die ganze Sache zu verarbeiten. Um zu überlegen ob es einfach ein Kultur-Konflikt war oder ob hier irgendetwas anderes schief gegangen war. »Was für eine unangenehme Reise soll diese sein?«, fragte ich mich. Als ich die hintere Tür geöffnet hatte, saßen da dann aber bereits zwei Leute im Auto. Da war ich irgendwie erleichtert. Ich überlegte mir nämlich, dass es ja noch schlechter gewesen wäre, wenn der Hund da hinten sitzen würde, wo wir nun zu dritt saßen. Nach einer Weile kamen wir dann auch in ein ganz nettes Gespräch. Dass der Hund da vorne drin saß, konnte ich aber trotzdem einfach nicht verstehen. Das war dann wieder so ein Moment, in dem mir klar wurde: *Du bist nicht mehr in Afrika.* Es war auch ein Signal dafür, dass die Tiere hier einen hohen Wert haben.

Hundehaltung an sich, war für mich keine Überraschung. Hunde werden auch bei uns gehalten. Aber nicht so, wie das hier gemacht wird. Hunde werden bei uns meist frei gehalten. Einfach anders.

Hundehaltung im Winter - das kann ich hier nicht nachvollziehen! Zu dieser Jahreszeit bringe ich meine Kinder mit dem Auto zum Kindergarten, weil es einfach nicht anders geht. Trotzdem sieht man bereits in aller Herrgottsfrühe Leute mit Hunden draußen. »Was für ein Aufwand«, sage ich mir dann immer. Einen Hund muss man jeden Tag raus lassen, egal ob im Sommer oder Winter. Das fanden wir total aufwändig. Allerdings wussten wir auch keine bessere Lösung.

Natürlich sollte auch der Mensch draußen sein, egal ob im Sommer oder im Winter. Aber im Winter ist es nicht sonderlich lustig draußen zu sein. Trotzdem muss man diesen inneren Schweinehund überwinden. Dabei hilft dann der Hund. Sicherlich muss man für Hunde auch Verständnis haben. Manche sind sogar sehr süß. Es gibt Hunde, die werden misshandelt, auch sie brauchen Schutz. Hunde sollten, genauso wie andere Tiere, artgerecht gehalten werden. Auch Hunde können Leid empfinden.

Trotzdem wäre es für uns die Hölle einen Hund im Allgäuer Winter zu halten. Hundehaltung ist Luxus. Doch was für ein Luxus ist das denn, wenn man im Allgäu einen Hund im Winter hält? Mit dem Hund ist man sicher täglich eine Stunde draußen an der frischen Luft. In manchen Dörfern, wo die Menschen im Winter nur im Auto unterwegs sind, hat man nur mit einem Hund die Gelegenheit andere Dorfbewohner mit deren Hunden zu sehen und sich gelegentlich »Hallihallo« zu sagen. Da sich die Hunde als erste »Hallo« sagen, folgt manchmal automatisch, dass ihre Frauchen und Herrchen sich auch begrüßen. Manchmal kommt man erst dadurch ins Gespräch und nicht selten entsteht so sogar eine Freundschaft. Und wieder ist der innere Schweinehund überwunden. Wenn nicht, bleibt einem der Hund als Partner.

Aber was für ein Aufwand und welche Kosten hinter der Hundehaltung stecken, ist uns unerklärlich. Dass man Futter im Supermarkt kaufen soll, ist schon das Eine. Dass alle Hunde versichert sind, wofür man monatlich oder jährlich Beiträge zahlt, ist das Andere. Nicht zu vergessen ist auch die Hundesteuer. Und wenn man einmal in den Urlaub fahren will, sind die Nachbarn dran. Wenn die Nachbarn sich nicht um den Hund kümmern wollen - auch das passiert - dann muss der Hund zur Pflege ins Tierheim gebracht werden. Hunde brauchen auch regelmäßige Impfungen, auch das ist nicht billig, von den Kosten, die bei einer Krankheit entstehen, möchte ich noch gar nicht reden. Auch nicht umsonst sind Beratungen bei Kommunikationsproblemen zwischen Hund und Herrchen bzw. Frauchen. Ja, auch das gibt es. Schließlich kann ein Hund für andere Menschen gefährlich werden. In Bayern darf man deshalb seit einigen Jahren einen Hundeführerschein machen. Diese Bescheinigung nach einer praktischen und theoretischen Prüfung zeigt, dass der Hundhalter oder die Hundhalterin seinen oder ihren Hund im Alltag unter Kontrolle hat und dass der Hund nicht gefährlich für andere Menschen und Tiere ist. Auch andere grundlegende Kenntnisse in Bezug auf Hundeerziehung und –verhalten werden geprüft.

Neulich war ich in einer Buchhandlung. Hier suchte ich ein Wörterbuch *Suaheli – Deutsch*. Auf dem Regal stand aber noch ein Wörterbuch. Der Titel lautete *Hund – Deutsch / Deutsch – Hund*. Und da war auch ein Bild von jemandem, der mit einem Hund spricht. Da wird die Hundesprache dann in unsere Sprache übersetzt. Das ist nicht ohne.

Bei uns hält man einen Hund nur für die Sicherheit und er ist die ganze Zeit frei in der Natur. Die Hunde essen, was wir essen. Eine abendländische Professorin hielt bei uns in Tansania auch einen Hund, aber in der Art, wie man es hier macht. So macht man es bei uns doch nicht! Na ja.

Einmal wurde ihr Hund krank, da sagte sie ihren Studenten: »Heute fallen die Prüfungen aus, weil mein Hund sehr krank ist - er muss schnell zum Tierarzt gebracht werden.« Das war für die Studenten nicht selbstverständlich. Sie interpretierten den ganzen Vorfall komplett anders. Die Studenten forderten daher: »Wenn es so sein muss, dann soll die Prüfung auch endgültig ausfallen.« Obwohl die Professorin mittlerweile das Missverständnis verstand, dauerte die Streiterei ein paar Tage an und ging bis zum Unipräsidenten.

Die Tatsache, dass Hundehaltung woanders einen ganz anderen Stellenwert hat, war der Professorin vielleicht zuerst gar nicht klar.

Dass es Hunde gibt, die so süß sein können, dass man sie am liebsten küssen würde, war für uns wiederum ein *Aha-Erlebnis*. Doch!

Eine Frau war in einer Hochzeitsgesellschaft auch überrascht, dass neben einer Dame ein Platz frei bleiben musste, weil auf diesem Stuhl ihr Hund platziert wurde.

Haben die Deutschen keine Angst? Doch!

Das Größte Leiden ist nicht die Angst vor dem Tod,
sondern die Angst vor dem Leben
Nagui Mahfouz, Ägypten

Wovor haben die Menschen hier denn Ängste? Es gab mal Angst vor den Russen - während des kalten Krieges. Das ist aber schon seit langem vorbei. Die Menschen bestätigen das selbst. Wovor haben sie dann Angst? Diese Fragen muss man oft stellen, ansonsten verkehrt sie sich in Verallgemeinerungen, etwa dass sie vor allem Angst vor Terrorismus und Atom hätten, was so ja meist nicht stimmt.

Oder ist die *German Angst*, die *typisch deutsche Zögerlichkeit*, wie sie vom Ausland oft wahrgenommen wird, etwa kein Thema mehr? Vielleicht muss man, um die Mentalität der Menschen hier richtig kennen zu lernen, zunächst untersuchen, wie die Emotionen der Menschen hier sind. Wenn man denkt, dass die Menschen Angst vor Atomkraft haben, ist das doch sehr umstritten und speziell in Hinblick auf einzelne Politiker auch einfach falsch.

Als Afrikaner konnte ich es etwa einfach nicht glauben, dass ich im Allgäu kein Wildschwein essen dürfe. Als Grund wurde angegeben: »Sie wurden alle vor ca. 25 Jahren verstrahlt, beziehungsweise auch die Pilze, die sie fressen.« Da darf man nicht weiter fragen, was dagegen getan wird. Vielleicht sind einige Bürger gegen Atomkraft, das weiß man aber auch nicht genau. Wenn überhaupt, dann wäre das die Bestätigung der Aussage, dass Demokratie die *Diktatur der herrschenden Eliten* ist. Das Thema wird bis heute diskutiert.

In Tansania schmecken die Wildschweine sehr gut. Was man selber schießt, schmeckt auch besonders. Leider sind wir nicht sicher, ob sie uns auch zukünftig schmecken werden. Obwohl wir keine Atomindustrie haben, ist Uran leider doch da, denn solange Uran für die Kernkraft hier gebraucht wird, können wir nicht stolz sagen, dass wir dort - etwa 7.000 km von hier entfernt - sicher sind. Uran wird dort vermutlich so lange abgebaut, bis die so genannte Energiewende tatsächlich verwirklicht worden ist. Momentan sind in Tansania Uranexperten - und ich traue mich gar nicht, die Schlagzeilen über Uran in den Zeitungen zu lesen. Da werden wir dann alle verstrahlt. Eine Bedrohung irgendwo ist in der globalisierten Welt eine allgegenwärtige Bedrohung. Wenn es hier sicher ist, ist es auch bei uns sicher.

Wovor haben die Menschen hier dann Angst?

Bei einer Rede oder Predigt bekommt man einen Hinweis. Wenn man vor den Menschen hier redet, kann man relativ leicht feststellen, ab welchem Punkt die Rede als langweilig empfunden wird. Da öffnen dann manche ihr Handy, andere ihr Notebook und wieder andere ihre Bücher. Manche nutzen auch die Chance um ein Nickerchen zu machen. Einzelne fangen sogar an zu stricken. Wenn einem das passiert, sollte der Sprecher wissen, dass die Menschen auf die Uhr gucken und sich fragen, wann er fertig wird.

Wenn es dagegen um das Thema *Rente* geht, sind alle sehr konzentriert. Egal ob es Jugendliche sind oder Erwachsene. Allein das Wort *Rente* oder dann *Rente in Deutschland* reicht, um die Menschen wieder wach zu machen. Man merkt, dass die Menschen Angst um ihre Altersvorsorge haben. Viele Menschen nehmen die Zukunft als bedrohlich wahr. Es herrscht eine gewisse Unsicherheit, vielleicht auch, weil viele Politiker nicht mehr glaubwürdig sind (wenn ihnen überhaupt mal zu glauben war). Die Empörung steigt noch an, wenn ein Politiker in den Medien mal wieder damit provoziert, dass man zukünftig erst ab 75 Jahren in die Rente gehen dürfe. Jeder weiß, dass derartiges nie eintreten wird. Trotzdem regen sich alle auf. Dahinter steckt die Angst vor einer Kürzung der Rentenbezüge. Viele haben ja auch vor dem eigentlichen Ruhestand keine Angst - aber vor dem, was danach kommt. Vor der Zeit der Pflege oder Demenz.

Auch andere Themen halten die Deutschen wach. Aussagen wie: »Die Zahl der Einwanderer bei uns steigt.« Da wollen viele mehr wissen. Man merkt, dass die Einheimischen vor den Einwanderern Angst haben. Vielleicht ist das soziologisch. »Der Fremde ist ein Mensch, der heute kommt und morgen bleibt«, so lehrte es der Soziologe George Simmel vor mehr als 100 Jahren. Vielleicht haben wir es so verinnerlicht, dass der Fremde, damit er die Rolle des Fremden überhaupt erst übernehmen kann, Element der Gruppe werden muss. Er kommt. Und er bleibt. Sie haben Angst vor ihm.

Auch im Alltag ist gut zu beobachten, was die Menschen bewegt und was ihnen manchmal Angst macht. Nach etwa fünf Jahren hier könnte man auch zu dem Schluss kommen, dass in Deutschland eine Schreibkultur herrscht. Etwas ist wertvoll, wenn es geschrieben ist. Man hat Respekt vor Geschriebenen. Noch mehr, wenn zusätzlich noch ein Stempel drauf ist. Aber: Es muss geschrieben sein! Bei Sitzungen werden immer so genannte Papiere bearbeitet. Von der Mentalität her braucht man für alles ein Papier - ein geschriebenes Dokument - sogar über den Glauben. Vielleicht ist auch Luther mit seinen 95 geschriebenen Thesen schuld.

Das macht dem Fremden nicht viel Spaß, dass er jeden Tag so viel Geschriebenes aus dem Briefkasten holen muss. Jeden Tag ist der Briefkasten voll mit lauter fremden geschriebenen Sachen. Leider ist fast alles in einer schwer verständlichen juristischen Sprache, sei es nun Werbung oder ein Brief von der Stadt - von Rechnungen ganz zu schweigen. Aber die Erkenntnis, dass die Menschen hier vor Geschriebenem Angst haben, bzw. Respekt davor haben, hat uns viel geholfen. Wenn wir Schwierigkeiten mit Behörden haben oder den Eindruck haben, dass wir willkürlich behandelt wurden, haben wir alle unsere Anliegen und Anfragen einfach schriftlich vorgelegt. Wir haben sie einfach geschrieben und dann unterschrieben. Egal wie es sprachlich aussieht - egal wie Afrikanisch oder Allgäuerisch das Schreiben ist. Da waren die steifen Beamten dann auf einmal wieder nett und höflich. Meistens ging es sogar erstaunlich schnell.

Vielleicht fühlen sich die Menschen mehr oder weniger durch das Gesetz bedroht. Geschriebenes erscheint bedrohlich, vielleicht weil es bleibt. Deshalb ist es für uns sehr wichtig gewesen, dass wir bei jedem Telefonanruf fragen mussten, wie der Anrufer seinen Namen richtig buchstabiert, sogar die Polizei. Es klang manchmal sehr fremd, aber es war hilfreich. Neulich haben wir noch einen weiteren Tipp bekommen. Man muss zusätzlich noch fragen: »Wie heißt noch mal Ihr Chef?«

Natürlich ist Vertrauen gut, aber Kontrolle ist erfahrungsgemäß noch besser. Man hat Angst vor etwas Geschriebenem.

Nicht zu glauben war für uns auch die Tatsache, dass viele Menschen Angst haben, dass etwas teurer wird. Es wird teurer! Man lebt hier offensichtlich in der permanenten Angst, dass alles teurer wird, sei es das Benzin, die Lebensmittel, die medizinische Versorgung oder die Ausbildung der Kinder. Da sind die Menschen sehr aufgeregt. Als der Preis für Benzin einmal auf 1,20 € pro Liter stieg, hatte unser Bekannter gesagt: »Wenn Benzin für 1,30 € pro Liter verkauft wird, dann bleibt das Auto im Hof.« Als das Benzin dann 1,60 € pro Liter kostete, fuhr er mit dem Auto in den Urlaub nach Italien. Wir fragten uns: »Was bewirkt diese Angst denn eigentlich?«

Etwas wird teurer! Diese Angst betrifft viele bei ihrem täglichen Einkauf. Ohne Rücksicht auf Verluste scheinen sich viele zu sagen: »Augen zu und durch. Hauptsche es ist billig, groß und schnell.«

Die damit verbundenen Zusammenhänge - sowohl in Hinsicht auf das Klima als auch auf die Armut in der Welt, wird in diesem Zusammenhang wenig Aufmerksamkeit geschenkt. Natürlich ist vielen Einkäufern durchaus bewusst, dass man achtsam beim Einkaufen sein soll. Leider herrscht hier dann wieder die Angst. »Es ist teuer, es wird teuerer!« Man nimmt also seinen Einkaufswagen und fängt mit den Überlegungen an, ob man heute nicht doch einmal Regionalprodukte kaufen sollte - man möchte schließlich die Region stärken. Während man noch so vor sich hin sinniert fährt man an diesen Produkten mit den grünen Aufklebern vorbei. Bio! »Aber natürlich!“, denkt man sich, »Bio wäre auch nicht schlecht.« Schließlich ist einem die Zukunft wichtig - und artgerechte Haltung auch. Man schiebt also langsam seinen Einkaufswagen vor sich her und überlegt und überlegt. Dummerweise sind die Hände während dieser Fahrt permanent aktiv. Und ehe man sich versieht - ist der Einkaufswagen voll - alles wurde hineingetan - nur leider gedankenlos. Da sieht man dann auf einmal die fair gehandelten Produkte. »Ja, die Armen in Afrika. Die Armen in Asien. Oh weh! Die Welt ist so ungerecht!«, so sagen es sich dann viele wieder. Doch man tut nichts. Das erklärt teilweise, warum fair gehandelte Produkte in Deutschland laut einer Studie nur bei knapp 30% liegen, obwohl sich viele Menschen der Problematik bewusst sind. Vielen ist es also bewusst, aber wenige machen mit. Am Ende glaubt man nicht, dass der Einkaufswagen schon voll ist, und man noch nicht einmal die saisonalen Produkte gekauft hat. Wenn der Einkaufswagen voll ist, haben die Werbepsychologen ganze Arbeit geleistet! Wir Käufer werden doch sehr stark manipuliert. Es ist eigentlich ein Konflikt. Es ist ein Konflikt zwischen Gewinn und sozialer Verantwortung. Anders gesagt, ist man sich ja durchaus bewusst, dass man nicht einfach drauflos einkaufen soll. Aber bis man an der Kasse steht, hat man in der Regel keine Bio-, fair-, saisonale- oder regionale Produkte im Einkaufswagen. Was hat man dann eigentlich eingekauft? Da ist vieles, was man nicht geplant hatte zu kaufen, sogar Fastfood.

Warum eigentlich? Vielleicht liegt es tatsächlich am stark vorherrschenden Gefühl: »Es ist teuer! Es wird teurer!«Viele rechnen den Euro bis heute in DM um. Wo 10 € drauf steht, sehen manche einfach 20 DM. Das ist dann wirklich teurer! Wie überwindet man dann diese Angst?

Einfach! Die Menschen sind doch schlau. Die bezahlen mit elektronischen Karten. Das ist entweder schmerzlos oder die Schmerzen sind weit weg. Bei großen Einkäufen wird einfach mit Karte bezahlt. Selbst wenn das Konto leer ist. Man kann trotzdem einkaufen. Es ist heute sogar so einfach, dass man nicht mal mehr unbedingt seine Geheimzahl eingeben muss. Man nimmt sich einfach die Karte.

Aber Tatsache bleibt: In der Regel ist es teurer, wenn man nicht auf die Zukunft achtet. Das ist teuer, und es wird teurer!

Neulich habe ich drei deutsche Worte von dem Professor und Theologen Hans Küng gelernt, die man im Kopf haben soll, wenn man von dieser Angst betroffen ist: *Mitwelt, Umwelt und Nachwelt.*

Auch die Tatsache, dass es woanders immer besser, hier in Europa jedoch tendenziell schlechter wird, bringt viele Sorgen mit sich. Man relativiert das dann aus guten Gründen: »So schlecht geht es Europa auch nicht. Vielleicht wird es langsam schlechter.« Die unsichtbare Angst, dass Europa insgesamt seine Definitionsmacht in der Welt verliert, steigt aber langsam. In Bezug auf Asien hatte man immer Angst vor der asiatischen Tigermücke, die wegen der Klimaerwärmung nach Europa kommen sollte. Auf einmal war klar, der Tiger schickt uns nicht mehr nur die Mücke, er besucht uns selbst. Also, hat man heute Angst vor dem Besuch des asiatischen Tigers! Über seine politische und wirtschaftliche Macht müssen wir nicht lang spekulieren. Dieser Tiger kommt einfach! Die Zukunft wird nicht mehr von Europa bestimmt. Wir bestimmen unsere Zukunft jetzt zunehmend zusammen. Wir reden alle auf Augenhöhe.

Afrika sagt uns *Grüß Gott*!

Die Kirche tut doch nicht weh

Eine Warnung ist für die Weisen ein Segen, für den Narren eine Beleidigung
Suahelisprichwort

Stimmt. Die Kirche tut überhaupt nicht weh. Man darf sie sogar besuchen. Diese befreiende Botschaft stammt von einem evangelischen Pfarrer, der einen Berggottesdienst in den Alpen gestaltete. Diesmal war ich auch dabei, weil ich die Gäste aus der Partnerkirche in Tansania, Arusha begleiten sollte. Der Gottesdienst war für deutsche Verhältnisse voll wie nie - mehr als 250 Menschen. Der Gottesdienst fand unter freiem Himmel im Grünen statt und das sommerliche Wetter spielte auch mit. Nach dem Gottesdienst erzählten sich die Anwesenden, warum sie gekommen waren. Manche meinten, dass sie sich auf den Bergen dem Himmel näher fühlten. Andere sagten, dass es im Freien lockerer und aktiver ist, als in den Kirchen, wo es sehr traditionell, verbiestert und steif sei. Der zuständige Pfarrer selbst hatte allerdings eine andere Meinung über die Beweggründe seiner anonymen Gottesdienstbesucher: »...derartige Veranstaltungen sind immer eine große Chance für diejenigen, die zwar mal einen Gottesdienst besuchen wollen, aber ansonsten keinen großen Bezug zur Kirche haben. Die sagen sich Okay, ich kann gut auf Distanz bleiben, kann mal schauen wie es ist und es tut überhaupt nicht weh, ich muss nicht befürchten, hinterher angesprochen zu werden, ich kann wieder gehen ...«

Das war für mich interessant. Es zeigte sich deutlich, wie zurückhaltend die Menschen hier sind. Manche wollen nicht, dass der Pfarrer viel über sie erfährt. Ihr Glaube soll ihre persönliche Angelegenheit bleiben. Die Menschen wollen auf den Pfarrer gar nicht zugehen. Es wirkt eher so, als wollten sich die Menschen mehr *Frei-Raum* schaffen. Dabei ist die evangelische Kirche doch freier als die anderen - so sollte man denken. Es hieß einmal, der Unterschied zwischen den Konfessionen sei, dass die Evangelischen Wert auf Freiheit legen und die Katholiken Wert auf Ordnung. Manchmal fragt man sich jedoch, ob es nicht umgekehrt der Fall ist. Oder gesellen sie sich doch zusammen?

Die Spannung zwischen Ordnung und Freiheit zu beobachten, war für uns wichtig. Katholiken und Evangelische leben hier sehr gut zusammen. Während die Evangelischen hier im Herzen katholisch sind, sind die Katholiken im Herzen evangelisch - zumindest aus der Sicht eines Afrikaners, der weder die Krippe, noch St. Martin, St. Nikolaus oder die Vorweihnachtsbäckerei kannte. Selbst die heiligen drei Könige waren mir fremd, obwohl ja einer davon angeblich aus Afrika stammt.

Hier in Kaufbeuren sind auch die Altkatholiken sehr aktiv. Alle drei Konfessionen arbeiten eng zusammen, manchmal halten wir sogar gemeinsamen Gottesdienst. Natürlich sehen die Gewänder unterschiedlich aus. Das macht ja nichts. Hauptsache, Ordnung und Freiheit gesellen sich gut. Ist das nicht erstrebenswert? Doch! Beide Elemente brauchen wir - Ordnung und Freiheit! Diejenigen, die sich noch mehr von der Ökumene erwarten, müssen einfach Geduld haben. Wir haben ja bisher mehr gemeinsam geschafft als was noch zu tun übrig geblieben ist. Doch! Es war ein schwieriger und aufwändiger Weg hin zu einer gemeinsamen Gestaltung des Gottesdienstes. Ja!

Vor noch nicht einmal so langer Zeit hatte man sich irgendwo als evangelisch oder katholisch vorgestellt, und der Gegenüber fragte schockiert: »Was ist das? Diese Krankheit kennen wir hier nicht.« Es war eine Zeit, wo man nicht genau wusste, ob man Christ war, aber voll davon überzeugt war, dass man entweder katholisch oder evangelisch sei. Ich bin überzeugt davon, dass es in dieser Zeit überhaupt nicht langweilig war. Heute dagegen wissen manche nicht genau, ob sie Christ sind, sind aber voll davon überzeugt, dass sie nicht katholisch oder evangelisch sind. Sollen wir da denken, dass diese alte Zeit noch nicht richtig vorbei ist? Als Frage darf man sich das ja schon stellen.

Im Herzen sind alle Christen heute ja ökumenisch. Sie heiraten sich sogar untereinander – *ökumenische Familie.* Was sollte noch dazu kommen? Mit den Dogmen, die unsere Gemeinschaft leider nicht fördern, ist das etwas anderes. Sie sind aber kein Grund aufgeregt zu sein. Sie heißen ja Dogmen! Vertrauen wir doch einfach auf den liebevollen, wertschätzenden Dialog, auf Fortschritt und auf Geduld ohne anzuklagen. Denn ein Senfkorn von Ökumene ist ja schon da! Wie auch unser Herr Jesus gesagt hatte: »...wenn das gesät wird aufs Land, so ist's das kleinste unter allen Samen auf Erden; und wenn es gesät ist, so nimmt es zu und wird größer denn alle Gartenpflanzen und gewinnt große Zweige, also dass die Vögel unter dem Himmel unter seinem Schatten wohnen können.« (Markus 4, 31-32) Das ökumenische Senfkorn hier in Deutschland ist schon bemerkenswert - zumindest für einen afrikanischen Pfarrer, der aus einem Gebiet kommt, wo die Konfessionen nicht nur amtlich, sondern auch gebietsweise getrennt sind.

Ich bin doch ein Pfarrer, der nicht weiß, wie eine katholische Kirche in Tansania von innen aussieht, aber hier in Kaufbeuren darin sogar predigen dürfte. Das allein macht schon den Unterschied. Wo ich herkomme, haben wir ja keine ökumenischen Gottesdienste wie hier. Sogar der Weltgebetstag wird getrennt gefeiert. Ist das nicht lächerlich? Als evangelischer Pfarrer könnte ich viel eher mit dem Imam als mit meinem katholischen Pfarrerkollegen zusammenarbeiten. Ja! Es ging mit ihm einfach nicht. Vielleicht war ich auch nicht offen genug. Wer weiß? In unserer evangelischen Gemeinde in Tansania habe ich als Pfarrer auch ein katholisches Ehepaar als Trauzeugen abgelehnt. »Das ist doch unmöglich!«, so wird es bei uns gelehrt. Und auch meine Kollegen handelten so. Hier war ich dann äußerst überrascht, dass der Herr Pfarrer kein Theater bezüglich der religiösen Zugehörigkeit der Trauzeugen macht. Manche sind weder getauft noch konfirmiert. Sie sind einfach nur Trauzeuge. Mehr nicht.

Das Leben in der Kirche stellt sich hier generell ganz anders dar. Als afrikanischer Pfarrer war für mich vieles neu. Das Amt des Pfarrers trägt hier keine so große Bedeutung wie bei uns. Oder der Pfarrer trägt das Amt selber. Die Bedeutung liegt gerade am Pfarrer - je besser der Pfarrer ist, desto besser ist das Amt. Anders gesagt, Pfarrer müssen viel leisten - sie stehen hier unter dem Druck viel zu leisten, um das Dasein des Amts überhaupt zu sichern. Das schafft wiederum Frustration, wenn dies nicht gelingt. Man läuft Gefahr, dass sich niemand so einfach vorstellen kann, Pfarrer zu werden, trotz all der Verheißungen, die mit diesem geistlichen Beruf einhergehen. Es fällt Pfarrern manchmal auch schwer, zu wissen, was sie leisten können und was nicht. Sie arbeiten dann und arbeiten. Vielleicht ließen sich manche Dinge auch aufschieben. Irgendwann wird ja ein Nachfolger kommen. Der wird tun, was man heute nicht schafft. Man kann auch nicht alles tun. Das hat oft nichts mit Faulsein zu tun. Man braucht Mut, manche Dinge auch sein zu lassen. Als afrikanischer Pfarrer habe ich dann auch Angst hier länger Pfarrer zu sein, denn von einem Pfarrer wird erwartet, dass man eine *eierlegende Wollmilchsau* ist. Jemand, der alles kann. Er soll Psychologe, Jurist, Personalleiter, Ökonom, Statistiker, IT-Officemanager, Buchhalter, Bauleiter, Renovierungsleiter, Restaurierungsleiter und zugleich ein kompetenter Stadtpfarrer und Seelsorger sein. Noch schlimmer wird es, wenn der Herr Hochwürden nicht begabt ist, manche Sachen zu delegieren.

In Tansania habe ich leider nur Theologie studiert, und deshalb frage ich mich, inwieweit mein theologisches Studium all dies decken kann. In so einer Situation hat der Computer auch nicht viel vereinfacht. Diese hohen Erwartungen, dass der Herr Pfarrer alles richtig machen muss, soll aber nicht die Tatsache ausblenden, dass Pfarrer das Richtige machen sollen. Das Richtige machen, statt nur richtig machen! Glauben konnte ich beispielsweise nicht, dass wir als Pfarrer ein Ehepaar besuchen sollten, das eine Trauung beantragt hatte. Ich hatte gedacht, dass die zum Pfarramt kämen, wie in Afrika. Aber ganz im Gegenteil. Wir mussten es besuchen. Es war ein starkes Signal dafür, dass die Pfarrer hier mehr auf Menschen zugehen oder zugehen sollen. Der Pfarrer ist einfach jemand unter vielen - mit einer besonderen Funktion. Mehr nicht. So ist es zumindest bei den Evangelischen. Bei den anderen ist es sicher nicht viel anders. Zumindest im Herzen!

Von der ganzen Gemeinde mit ihren ca. 8400 Mitgliedern wurde ich nur von den wenigsten Personen mit dem Titel *Herr Pfarrer* angesprochen. Das war schon ungewohnt, zumindest für mich als afrikanischen Pfarrer. Um diese Lücke zu füllen, spricht meine Nachbarin mich humorvoll dann ab und zu mit *der Herr Hochwürden* an. Wenn sie gut gelaunt ist, macht sie das öfter. Das gibt dann immer wieder Anlass zum Lachen.

Die Kirchengebäude sind hier ungeheuer groß. Beim Eintritt ist man sofort geschockt, was für ein Bild über Gott diese Gebäude vermitteln - Macht, Reichtum, Autorität ...

Mit dem vielen Gold, Ikonen, Gräbern und Malereien sind diese Kirchen nicht mehr einfach Kirche - sondern eher zu einem Kulturmuseum geworden. Dementsprechend hoch ist die Zahl der Besucher als Touristen unter der Woche. Sie ist höher als diejenige der Gottesdienstbesucher am Sonntag. Wenn man Glück hat und beim Besuch der Kirche ein Touristenführer dabei ist - hört man oft: »Diese Kirche ist auch, wie andere Bauwerke in der Stadt, ein Denkmal.«

Als ich eines Tages in der Zeitung die Schlagzeile *Abendessen statt Abendmahl* las, hatte ich zunächst nicht kapiert, worum es ging. Darunter war ein schönes Bild von einem modernen Restaurant. Beim Lesen wurde klar, dass eine Kirche verkauft und zu einem Restaurant gemacht worden ist. Statt das Abendmahl zu feiern wurde in dem Gebäude also abends gegessen.

Ich habe mir gesagt: »Das können die Afrikaner nicht glauben, dass es hier so übertrieben ist!« Unglaublich, dass ein Gebäude, das zuerst für spirituelle Zwecke da war, jetzt wirtschaftlich genutzt wird. In Tansania kämpfen die Menschen darum eine Kirche zu bauen und nicht mehr unter den Bäumen Gottesdienste halten zu müssen. Hier dagegen sind die

Kirchen lediglich ein Museum unseres Glaubens. Übertrieben werden manche dann sogar zu einem Restaurant gemacht.

Das Gute hier in Deutschland ist aber, dass man am Ende des Monats sein Gehalt kassiert, ob die Gemeindemitglieder nun im Gottesdienst waren oder nicht. Denn eins ist sicher - das Gehalt! Es wäre eine Katastrophe, wenn so etwas bei uns passieren würde, dass nur zehn oder maximal zwanzig Gläubige die Kirche besuchen. Denn die Kirche in Tansania ist von den Spenden ihrer Mitglieder in den sonntäglichen Gottesdiensten abhängig. Es würde einfach nicht gehen. Die Kirche hier dagegen ist durch die Kirchensteuer gut finanziert. Das sollten die Christen in Tansania wirklich lernen. Egal ob man in der Kirche war oder nicht - man bezahlt monatlich etwas für seine Kirche. Das ist eine ganze andere Dimension von Verantwortung. So sehe ich gerade, was die Kirche hier in Deutschland bei uns in Afrika durch diese Steuer bewegen kann. Durch Mission EineWelt, Brot für die Welt oder die Diakonie hat die Kirche dort Krankenhäuser, Schulen, medizinische Versorgungen usw. gebaut und soziale Probleme gemindert.

Kritisch wird es nur, wenn die Zahl der Austritte in Deutschland größer wird als die der Eintritte. Unglaublich, dass der Grund für den Austritt manchmal die Kirchensteuer ist, die man ablehnt. Obwohl viele nicht mehr in die Kirche kommen oder gar ausgetreten sind, wollen viele nicht, dass Kirchengebäude verkauft werden. Sie sind traurig, wenn so etwas passiert, obwohl sie dies durch ihr Verhalten ja mit verursacht hatten. Vielleicht möchten sie die Gebäude für andere erhalten. Oder sie glauben doch daran, dass die Kirche eine Funktion hat. Aber eine spezifische Funktion nennen sie nicht. Es herrscht offensichtlich ein Grundgefühl vor, dass die Kirche dazu gehört. Es ist kaum zu glauben, dass manch einer über 30 Jahre lang Kirchensteuern bezahlt, ohne einmal den Gottesdienst zu besuchen. Trotzdem wollen sie ihre Kirche behalten. Vielleicht glauben viele, dass die Kirche als Institution für ein funktionierendes Gemeinwohl notwendig ist, aber eben nicht auf persönlicher Ebene.

Natürlich gehört die Kirche aber auch zur persönlichen Biographie. Hie wurde man getauft und konfirmiert, war vielleicht auch einmal Pate. Dort wird man getraut, in manchen Kirchen leider auch geschieden und beerdigt. All diese großen Ereignisse passieren in der Kirche. Das will man behalten. Wer diese Biographie nicht hat, dem fehlt etwas. Deshalb ist das Moto: »Jesus ja, Kirche nein« für viele immer noch sehr abwegig.

Dennoch: Wir brauchen die Kirche. Sie ist mehr als unsere Biographie. Es gibt aber auch viele, die theologisch kein Problem darin sehen wenn ein Kirchengebäude verkauft wird. Vielleicht weil einige das Gemeindehaus mehr nutzen als die Kirche. Viele Dinge in einer Gemeinde passieren ja eher in den Gemeindehäusern als in den Kirchengebäuden. Vielleicht denken manche Leute deshalb, dass das Kirchengebäude eine andere sinnvolle Nutzung haben sollte. Das wäre aber ein großes Missverständnis.

Auch die Geschäftsführerin der gerade zum Restaurant gewordenen Kirche sagte: »Wir sind immer noch ein Ort, wo Menschen zusammen kommen, zusammen essen, zusammen trinken, sich unterhalten. Wir haben viele Veranstaltungen, die das Wort *Mahl* dabei haben. Wir haben das philosophische Gastmahl, unser Cookmahl, das ist eine Kochshow, wir haben unser Momentmahl und ein Weinmahl. Ansonsten haben wir jetzt nichts direkt in der Karte, was einen kirchlichen Bezug hat.«

Also manche Kirchen sind in der Stadt nur als Denkmäler da. Denn sie erzählen Kultur und Geschichte. Manche Gebäude sind noch da, nicht weil es da Kirchenmitglieder gibt, sondern weil es Gott sei Dank den Denkmalschutz gibt. Manche werden von der Stadt unterstützt. Manche werden sogar Stadtkirche genannt. Die Deutsche Stiftung Denkmalschutz erklärt: »Kirchen bezeugen als Orientierungspunkte im Ortsbild, die öffentliche Bedeutung des Christentums in der Gesellschaft. Kirchenräume sind Orte der Ruhe und der Besinnung. Durch die Jahrhunderte hindurch verweisen sie auf eine andere Dimension unseres Daseins. Wir haben nicht zu viele Kirchengebäude, sondern zu wenig Ideen.« Vielleicht stimmen diese Worte, dass wir weniger Ideen haben als Kirchen. In Tansania ist das Bild deutlicher, wo manche Pfingstkirchen umso mehr wachsen, je innovativer der Pfarrer ist. Die Weisheit von Walther Rathenau sagt ja auch: »Die Klage über die Schärfe des Wettbewerbs ist in Wirklichkeit nur die Klage über den Mangel an Einfällen.«

Der Kirchenbesuch scheint hier in Deutschland nicht so üblich zu sein. Nur an Weihnachten kommt man mal wieder. Entweder um 17:00 Uhr oder um 22:00 Uhr. Mehr nicht. Vielleicht wird man auch ein Kind taufen lassen, oder Pate werden. Oder man geht auf eine Beerdigung. Schwer ist es dann bei einem Taufgottesdienst oder einer Beerdigung, wenn die Angehörigen nicht singen und auch nicht wissen, wie ein Gottesdienst abläuft. Da braucht der Herr Pfarrer Humor. Während des Gebets schreiben manche SMS und bei der Ansprache unterhalten sie sich untereinander.

Da merkt man: Manchmal sind die Kasualien einfach nur ein Programmpunkt einer Familienfeier. Die Tätigkeit des Pfarrers wird als Dienstleistung angesehen. Es hilft auch nichts die Gottesdienstbesucher hierauf aufmerksam zu machen, sie kommen einfach nicht wieder. An Weihnachten muss der Pfarrer vor einem Gebet laut und deutlich sagen: »Wir beten - faltet alle eure Hände«, da viele Kinder von verschiedenen Familien nicht wissen, wie man betet oder sich beim Beten verhält. Sicher, viele Erwachsene wissen es auch nicht. Anfangs hatten wir auch nicht verstanden, weshalb der Pfarrer in einem Trauergottesdienst eine CD abspielen musste. Ja, denn die Trauernden konnten unsere klassischen Lieder nicht singen.

PfarrerInnen betreuen viele Christen und es fällt ihnen schwer alle zu erreichen. Die Wahrscheinlichkeit, dass ein Christ sonntags in die Kirche geht, ist minimal. Meine Beobachtung ist auch die, dass es für viele Leute offensichtlich keinen großen Unterschied macht, ob sie Sonntagfrüh in die Kirche gehen oder stattdessen einen Waldspaziergang machen. Jedenfalls sagen viele, dass Gott ihnen im Wald genauso begegnet, wie in der

Kirche. Aber vielleicht ist es nur eine Entschuldigung dafür, dass sie nicht regelmäßig zur Kirche kommen wollen. Ja! Die Menschen sind doch schlau! Wir wissen aber, dass Gott uns besonders in der Gemeinschaft begegnet. Es geht um Gemeinschaft! Jugendliche kommen auch, aber sehr selten. Vielleicht finden sie ihren Platz in der Kirche nicht. Weder Architektur noch die Liturgie in unseren alten Kirchen scheint junge Menschen anzusprechen. Soll denn alles jugendlich sein? Na ja, weshalb sollte aber das *Vater unser* nicht doch einmal jugendlich modern gebetet werden, wie es etwa Martin Dreyer in der *Volxbibel* nahe legt?

> *Hey Papa aus dem Himmel! Es geht darum, dass du und dein Name in dieser Welt ganz groß rauskommen!*
> *Du sollst hier das Sagen haben, auf der Erde genauso, wie es da oben im Himmel ja schon immer der Fall war.*
> *Hey, versorg uns doch bitte mit allem, was wir heute so zum Leben brauchen!*
> *Und verzeih uns die Sachen, wo wir mal wieder Mist gebaut haben. Wir verzeihen auch denen, die bei uns was verbockt haben.*
> *Pass auf, damit wir nicht irgendwelchen schlechten Gedanken nachgeben und dir untreu werden. Führe uns nicht in Situationen, wo wir Fehler machen könnten. Rette uns, wenn uns das Böse angreift! So passt es [Amen]!*

Allerdings trifft diese Wortwahl nur den heutigen Zeitgeschmack! Bereits in zehn Jahren klingt das schon wieder alt. Umso schwerer ist es dann Gottesdienst mit wenigen Menschen zu feiern. Beim Singen fehlt die Stimmung, ganz abgesehen davon, dass die deutsche Art und Weise zu singen auch sehr steif ist. Es scheint auch wahnsinnig schwer sie zu begeistern. Auf diese steife Situation reagierte ein Besucher: »Wir haben oft die Vorstellung, Kirche und Gottesdienst müssen ganz ernst sein. Vielleicht liegt es auch daran, dass wir entweder sehr ernst sind oder eher oberflächlichen Spaß kennen … Wir wollen zu viel am Traditionellen festhalten, weil wir vor dem Neuen eher Angst haben.«

Es ist nicht einfach, vor nur acht Menschen predigen zu müssen. In fundamentalistischen muslimischen Ländern ist die Situation der Christen um einiges schwieriger als hier - trotzdem halten sie an ihrem Glauben fest. Ein Bekannter von mir, der in solchen Ländern lebt, schrieb mir mal: »Stell dir vor, dass du als Pfarrer den Gottesdienst anfangen möchtest. Du gehst hinein in die Kirche, wo die Kirchenbesucher sich gesammelt haben. Wie andere Pfarrer gehst du nach vorne, verbeugst dich vor dem Alter, und drehst du dich um, um den Gottesdienst richtig anzufangen. Bevor du sagst: *Im Namen des Vaters und des Sohnes und des Heiligen Geistes ...*, kommt aber plötzlich eine Gruppe von Menschen mit Waffen. Sie sind so verkleidet, dass man sie nicht erkennen kann. Sie gehen direkt dahin, wo du als Pfarrer bist. Sie sagen dir: *Herr Pfarrer, Stopp! Fang den Gottesdienst nicht an, warte mal.* Dann drehen sie sich um, und schauen in die Gemeinde. Und einer von ihnen mit einer Pistole sagt: *Unsere Waffen suchen nur die Christen, nicht mehr.* Er wiederholt den Satz. Stell dir auch vor, dass die Kirche voll war, aber nun plötzlich fast leer wird. Erstaunt beobachtest du als Pfarrer, wie fast die ganze Gemeinde verschwindet. Fast alle Besucher sind geflüchtet, und nur der Mesner und ein paar Hauptamtliche sind noch geblieben. Während du noch erstaunt bist, dass fast die ganze Gemeinde geflüchtet ist, ziehen sich die bewaffneten Männer ihre Kleidungen aus. Hey! Sie sind Mitglieder in unserer Gemeinde, und einer von ihnen ist Mitglied im Kirchenvorstand. Und sie sagen dir: *Lieber Herr Pfarrer, Sie können jetzt den Gottesdienst anfangen, mit wahren und treuen Christen, wir wollten nur alle Heuchler im Gottesdienst identifizieren und wegnehmen. Fange doch nun den Gottesdienst fröhlich an!*«

Hhuu! Manche von denen, die geflüchtet sind würden schon nach einer Weile feststellen, dass das eine Spielerei war. Aber sie würden sich doch nicht mehr trauen zurückzukehren. Du würdest den Gottesdienst dann wahrscheinlich mit nur acht oder zehn Mitgliedern feiern, aber schon erschöpft und mit vielen Fragen. Als ich diese Geschichte gelesen hatte, wollte ich sie nicht einfach wieder löschen. Zu viele Fragen hatte sie in mir ausgelöst. So stellte ich mir etwa vor, was wohl gewesen wäre, wenn sich die Bewaffneten umdrehten, um sich auszuziehen und bemerkten, dass der Pfarrer auch nach draußen geflüchtet war und damit bei der Mehrheit wäre. Was gewesen wäre, wenn da dann draußen vor der Kirche laut gesungen würde, weil der Gottesdienst dort weiterginge. Hier kann man noch viel fantasieren. Auf diese Geschichte könnte man sagen: »Solche Vorstellungen haben nichts mit der europäischen Mentalität zu tun.«

Doch, in der Kirche zu sein tut schon weh - nur nicht hier, sondern woanders. Uns ist gar nicht mehr bewusst, dass wir hier problemlos unseren Glauben ausüben können. Das hat auch mit politischer Stabilität zu tun. Das schon! Die Christen werden woanders verfolgt, wie in dieser Geschichte. Das sagt uns schon was, zumindest dass wir hier dankbar sein sollten. Trotz der Sicherheit hier feiern Pfarrer jedoch Gottesdienste mit nur acht bis zehn Menschen.

Fremde Christen würden sich bei diesem Anblick vielleicht denken, dass die Christen auch hier mit Waffen bedroht sind. Sie könnten vermutlich kaum glauben, wenn sie von manchen von uns hören - *Jesus ja, Kirche nein.* Für sie ist die Kirche eine Form des Zusammenhalts im Glauben. Das ist für sie, und vielleicht auch für uns hier, nicht zu unterschätzen. Es ist der Versuch, das christliche Zusammensein zu gestalten. All diese Formen der Gemeinschaften sollen gepflegt werden.

Einmal erlebte ich, wie eine bayerische Kirche, die ansonsten nicht sonderlich gut besucht war, plötzlich mehr als 1000 Besucher zählte. Die Kirche war voll, wir haben gesungen und man hatte das Gefühl: »So sollte es immer sein.« Überrascht hatte ich am Anfang des Gottesdiensts nachgefragt, warum die Kirche heute so voll sei. Jemand antwortete mir: »Heute wird ein berühmter Komiker predigen - einfach abwarten.«

Der Komiker stand dann auf der Kanzel und hat seine Predigt gehalten. Er hatte leider keinen Bibeltext gelesen, sondern über seine christlichen Erfahrungen erzählt. Als Komiker brachte er die Menschen oft zum Lachen. Der wusste wirklich, wie die Sache geht. Ich habe mir oft während der Predigt gesagt: »Die armen Pfarrer - die die Menschen nicht zum Lachen bringen können.«

Vorab wurde diskutiert, ob der Komiker überhaupt auf der Kanzel stehen solle, weil er keine Auslegung machte oder nur unten, wo er aber nicht von allen Zuschauern (den Kirchenbesuchern) gesehen werden könne. Letztendlich stand er auf der Kanzel. Vielleicht müssen Pfarrer zukünftig auch die Ausbildung zum Komiker machen - wenn Rhetorik nicht ausreicht. Auf diese Problematik schreibt eine Kirchebesucherin: »Auch in der Kirche erwarten viele Unterhaltung und Spaß. Aber je klarer sich Pfarrer davon abgrenzen, desto glaubwürdiger sind sie auf Dauer.«

Jemand hat provozierend behauptet, dass Deutschland ein islamisches Land werden wird. So eine Provokation! Sie hat viele Diskussionen hervorgerufen. Viele sind aber der Meinung, dass der Islam keinen Einfluss auf diese starke christliche Kultur haben könne. Überhaupt nicht. Die deutsche Kultur ist seit langem christlich geprägt, so denken viele. Als wir mal bei einer theologischen Vorlesungen waren, sagte jemand ganz bewusst: »Die Kirche Gottes wird nie aussterben.«

Wir haben gesagt: »Das stimmt!«

Aber jemand neben uns reagierte darauf: »Die Kirche Gottes in Ägypten starb aus - Ägypten ist heute ein muslimisches Land, trotz seiner frühen Evangelisation und christlichen Erfahrungen.« Da waren wir wieder leise.

Aber der Gedanke ist gar nicht abwegig, so würden wir z. B. nicht glauben, wenn ein Lektor heute beim Lesen statt: »Die Epistel Paulus an Ephesus« sagen würde: »Die Epistel Paulus an die Türken.« Um Gottes Willen! So ein Fehler! Aber tatsächlich ist Ephesus in der heutigen Türkei. Der Brief hätte daher durchaus heißen können: »Die Epistel Paulus an die Türken.« Da sind heute leider wenig Spuren vom Christentum geblieben. Oder dann die Wahrheit, dass St. Nikolaus aus der Türkei kommt, auch wenn heute keine eindeutigen Spuren von Bischof Nikolaus in der türkischen Kultur zu finden sind. Vielleicht hatten die Christen vor Ort zu wenig gemacht oder die vielen Herausforderungen nicht überlebt.

Wenn es dort heute so anders aussieht als damals, dann gibt es keine Garantie dafür, dass derartige Veränderungen hier nicht auch möglich sind. Unsere Zukunft liegt in Gottes Händen. Auch Papst Benedikt XVI. sagte bei einem Deutschlandbesuch deutlich: »Wo Gott ist, da ist die Zukunft.« Das stimmt. Die Journalisten haben ja wie üblich diese Worte umformuliert: »Wo der Papst ist, da ist Tradition.« Diese Umformulierung soll die wahre Botschaft jedoch nicht ausblenden: »Wo Gott ist, da ist die Zukunft.«

Wir sind ja gewöhnt, dass der Mensch immer eine Interpretation bevorzugt, die ihm Vorteile verschafft. Wenn der Professor und Theologe Hans Küng von der Wirtschaft fordert, dass der Mensch im Mittelpunkt stehen solle und nicht der Gewinn: »Der Mensch - und nicht das Kapital«, so interpretiert man das heutzutage: »Der Mensch - und nicht Gott.« Welch eine Umformulierung! Der Mensch will mit allen Mitteln zentral bleiben. Egal wie. Da hat Gott Pech - oder eher der Mensch!

Manche plädieren ja für asiatische Religionen statt für den Islam, wenn überhaupt. Wenn sich aber Muslime im Vergleich zu den Christen immer mehr mit ihrer Religion identifizieren, dann wird die einzige Religion mit der sich Menschen identifizieren der Islam sein. Bevor das Kind jedoch im Brunnen liegt, wird die Kirche hier vermutlich von Migranten und Einwanderern weiter gelebt werden. Sie identifizieren sich noch mit der Kirche. Viele Gemeinden existieren deshalb, weil es Migranten gibt. Auch wenn wir denken, dass diese angeblich nicht viele Kirchensteuern bezahlen. Denn eine lebendige Kirche, ist nicht unbedingt eine Kirche mit großen Steuereinahmen. Es wird deutlich, dass die Kirche Gottes bunt ist.

Die Hoffnung ist trotzdem da. Gott will die Gemeinschaft mit uns! Er will, dass seine Kirche lebt, durch unser Mitmachen, denn das Wichtigste, das uns als Kirche verblieben ist, sind die Menschen und das Evangelium.

Bei uns betet man, wenn man nicht weiß, wie es weitergeht. Hier ist das nicht anders. Man betet, dass Gott einem eine Vision schenkt. Diese Visionen brauchen wir wieder. Ja. Neue Visionen! In einer Situation in der nichts weiterzugehen scheint, muss man für neue Visionen beten! Wir brauchen Muße und Geduld für Visionen! Also, wenn die Christen nicht mehr zur Kirche kommen, dann müssen wir auf sie zugehen. Natürlich scheint das in einer Ich-Kultur, wo Religion eine Privatangelegenheit ist, keine einfache Aufgabe zu sein. Da braucht man Mut und Entschlossenheit. Bei uns in Tansania würde man Menschen sogar in Bussen oder auf Märkten ansprechen - oder gar Zuhause besuchen - *Tür-zu-Tür- Evangelisation.* Das wäre hier unvorstellbar. Hier wäre dann aber bei öffentlichen Ereignissen, wie Dorffesten und anderen sozialen öffentlichen Veranstaltungen, die richtige Gelegenheit. Eine wichtige Rolle spielen auch unsere Kommunikationssysteme. Die Entwicklung der Medien kann durchaus die kirchliche Arbeit unterstützen. Medien wie E-Mail, SMS, Skype, Youtube, Facebook und was noch kommt, sollten nicht unterschätzt werden. Ein Pfarrer kommuniziert und diskutiert bestimmte Themen z. B. mit seinen Konfirmanden über Facebook!

Auch die Rolle des Gemeindebriefs sollte nicht unterschätzt werden. Der erreicht manchmal mehr Menschen als die Predigt, das sollten die Gemeinden bei der Gestaltung des Gemeindebriefs berücksichtigen. Unsere Gesellschaft ist eine Lese- keine Hörgesellschaft. Kasualien sind ein Raum der Begegnung - hier ergibt sich die Möglichkeit Menschen zu zeigen, dass Kirche etwas Gutes ist. Selbst wenn die Angesprochenen kein christliches Lied singen können. Der Pfarrer muss dankbar sein, wenn sie da sind. Da sollten wir beten, dass Gott selbst diese Menschen durch den Heiligen Geist in den Kasualien anspricht. Der kann das. Es ist seine Kirche.

Es ist zu bemerken, dass viel mehr Besucher zu einem Taufgottesdienst oder Trauungsgottesdienst kommen, als zu einem normalen Gottesdienst - zumindest in vielen Gemeinden. Die kirchlichen Angebote wie Kindergottesdienste, Konfirmation, Religionsunterricht und Erwachsenenbildung sollen auch den Glauben vertiefen. Wo denn sonst? Auch Konfirmanden-Eltern können angesprochen werden! Sie bringen ihre Kinder mit dem Auto zum Gottesdienst, und gehen danach sofort wieder nach Hause, ähnlich ist es bei den Kindertagesstätten. Nach einer Stunde kommen sie wieder um ihre Kinder abzuholen. Manchmal frage ich mich, ob das Pfarramt auch ein Punktesystem für Konfirmandeneltern einführen sollte. Man könnte viel mit den Konfirmandeneltern und Konfirmanden zusammen machen. Die Berggottesdienste im Allgäu sind Beispiele dafür, dass die Kirche viele Menschen erreichen kann, wenn sie auf die Menschen zugeht. Da haben die Menschen keine Angst vor der Kirche. Das Evangelium geht von der Gemeinde hinaus und prägt damit die Vorstellung der *Einen-Kirche-Gottes*.

In den Gesprächen und Reden merkt man schon, dass die Vorstellung der Kirche hier sehr territorial ist. Die politischen Grenzen gehen leider auch mit den kirchlichen Grenzen einher, dasselbe gilt für die finanziellen Ressourcen. Man vergisst schnell, dass die ungerechte politische und wirtschaftliche Struktur die Kirche hier bevorzugt und woanders benachteiligt. Ist es nicht naiv, wenn wir die Kirche und wirtschaftliche Politik trennen? Die Kirche Gottes hat doch keine Grenzen. Die Kirche hier wird später auch Mitarbeiter aus Übersee benötigen. Ja! Das liegt in der demographischen Situation begründet. Vielleicht sollte die Kirche dann nicht wie der Staat sein, der qualifizierte Einwanderer ohne Rücksicht sucht. Sollte die Kirche hier von der Wirtschaft lernen? In der Wirtschaft wird global geredet, gehandelt, investiert und zusammengearbeitet.

Vielleicht sollten wir auch von unseren Brüdern und Schwestern in der Katholischen Kirche lernen, die überall in die Personalentwicklung investieren, um danach auch hier in Deutschland mitzuwirken. Inwieweit unsere territorialen kirchlichen Grenzen noch in unseren Köpfen festgesetzt sind, wird bald ein Thema sein. Anders gesagt, die Kirche in Übersee bietet auch eine Möglichkeit des Wachstums. Denn Wachstum der Kirche, egal wo, sollte auch hier als unser Wachstum verstanden werden. Natürlich kann man die Situation hier nicht eins zu eins mit der, der Kirchen in Übersee vergleichen. Als ich im Sommer 2012 die Gelegenheit hatte, dem Landesbischof eine Frage in einer Podiumsdiskussion bei Mission EineWelt zu stellen, fragte ich ihn deshalb: »Sehr geehrter Herr Landesbischof, Bayern wird zunehmend ein *Verheißungsland* für viele im wirtschaftlichen Bereich. Man sagt: *Es boomt in Bayern.* In diesem Zusammenhang boomt auch die Kirche wirtschaftlich. Wirtschaft ist doch nicht von ungerechten Machtstrukturen in der Welt zu trennen. Die ELKB bekennt sich ja aber als eine Kirche Gottes bzw. als eine Kirche, die überterritorial denkt und arbeitet. Wie erklären Sie jemanden aus Übersee, wenn es um Finanzen und anderen Ressourcen geht - jemanden der den Haushalt der ELKB kennt ca. 800.000.000 €, dass wir trotzdem eine Kirche Gottes sind?« Diese Frage war Anlass für eine große Diskussion.

Parallel dazu gehört zunehmend ehrenamtliche Arbeit. Im ursprünglichen Sinn ist das ein freiwilliges Amt, das nicht auf die Erzielung von Entgelt ausgerichtet ist. Es ist ein ehrenvolles Amt. Die Ehrenamtlichen in den Gemeinden sind die treibenden Kräfte der Kirche. Deshalb soll die Kirche auch in Ehrenamtliche investieren. Denn mit ihren Gaben und ihrem Engagement erreichen sie Menschen, die sonst nicht erreicht werden könnten. Im Evangelischen Verständnis ist das auch ein Stück Beteiligung in der Kirche, dass alle Mitglieder an der Mission Gottes Teilhaben können - Priestertum aller Gläubigen.

Manche Ehrenamtliche haben unterschiedliche Erfahrungen, manche waren oder sind beim Militär, in der Politik oder in der Wirtschaft tätig. Sie bringen ihre Kompetenz in die Kirche mit ein. Auch wenn sie eine ganz andere Vorstellung von Gemeinde, Beteiligung und Leitung vertreten. Manche sehen auch ihr jeweiliges Engagement einfach als wichtiger an, als alles andere in der Gemeinde. Das macht ja nichts. Sie brauchen einfach die Begleitung. Es würde mich überhaupt nicht wundern, wenn jemand, der beim Militär arbeitet, in der Gemeinde wünscht, dass die

Menschen ihm/ihr folgen. Oder wenn sich die von der Finanzwirtschaft wünschen, das alles exakt richtig gemacht wird. Hier sollte das Pfarramt wieder seine Kompetenz in der Sache *Vielfalt - Diversity-Management* zeigen - all diese einzelnen Gaben richtig zu begleiten und zu vernetzen. Alle diese Einzigartigkeiten sind ja wichtige Teile des Ganzen!

Natürlich darf die Kirche hier nicht nur reden, sondern sollte auch praktisch handeln - Wort und Tat. Deshalb ist die Sozialarbeit der Kirche, die Diakonie eine wichtige Hauptsäule im Entwicklungsprozess der Kirche. Wie sie es aber auch schon immer war! Das betrifft vor allem die Versorgung der Bedürftigen und die Betreuung der Senioren. Die Diakonie ist ein Teil der Mission wie die folgende Geschichte es richtig darstellt:

Ein Missionar fährt im Zug. Er nützt die Zeit, den Reisenden eine Predigt zu halten. Ein Mitreisender, der kein Christ war, hört mit offenem Herzen zu. Schließlich fragt der Missionar: »Warum sind Sie so interessiert?«

Da antwortet der Gefragte: »Vor Jahren haben ein Freund und ich zwei katholische Schwestern gesehen. Die hatten die Hände ausgestreckt, weil sie um Spenden für ein Krankenhaus baten. Wir mochten die Nonnen nicht, wir mochten auch ihre Aktion nicht. Da spuckte mein Freund der einen Schwester in ihre offene Hand. Die Frau holte ihr Taschentuch heraus und wischte den Speichel langsam weg. Dann blickte sie hoch und sagte lächelnd: 'Nun gut, das war für mich. Und was wollen Sie für Gott geben?' Und ich sage Ihnen, ich war überwältigt. Kann man so eine Liebe jemals vergessen? – so schloss der Mitreisende seine Erzählung.

Heute wird so eine Geschichte nur schwer vermittelbar sein. Die Würde der Schwestern ist ja nicht mit dieser Demütigung gleichzusetzen. Wir betonen oft: Zuerst war Verkündigung. Daraus folgt Diakonie. Die obere Geschichte dreht die Sache um: Hier steht zu Beginn die Reaktion der Schwestern. Die diakonische Einstellung wurde zur Verkündigung. Der französische Schriftsteller und Diplomat, Paul Claudel erklärt: »Rede nur, wenn du gefragt wirst, aber lebe so, dass man dich fragt.«

Mit Diakonie will die Kirche wie früher nicht *rice Christians* gewinnen - wegen Hunger die Menschen für Christus gewinnen. Nein! Nicht ihre bedüftige Situationen ausnutzen. Die Kirche soll den Menschen mit ihrer Würde begegnen, ohne Rücksicht auf ihre Religionen und Weltanschauungen.

Also, die Zukunft der kirchlichen Arbeit ist auch, sich um bedürftige Menschen zu kümmern. Wenn wir sagen, dass die Republik vergreist, bedeutet das auch, dass die Kirche hier vergreist. Das kirchliche Konzept *Nächstenliebe* wird kopiert und durchgeführt - von verschiedenen Organisationen und vom Staat. Die Kirche sagt: »Umso besser! Sie sehen das als Erfolg. Ihr Konzept hat sich überall durchgesetzt. Allerdings wollen viele karitative Organisationen, die ursprünglich kirchlich waren, sich nicht mehr mit der Kirche identifizieren. Die wollen ihre eigene Freiheit und Identität haben, angeblich weil die Kirche ihre Arbeit nicht genügend gewürdigt hat. Oder dann die andere These: *Gemeinwohl geht vor Eigenwohl.*

Die Kirche soll wieder ihre Wurzeln suchen, das heißt, sie soll sich wieder stärker mit der sozialen Arbeit identifizieren. Barmherzigkeit ist die einzige Sprache, die sogar Taube hören können. Also, Mission, wenn überhaupt, außer Liturgie und Koinonia (Gemeinschaft durch Teilhabe) - heißt doch nichts anders als Diakonie und Verkündigung. Dietrich Bonhoeffer sagte: »Die Kirche ist nur Kirche, wenn sie für andere da ist.« Ja! Er hätte heute sogar radikal sagen können: »Nur wer für die Migrantinnen schreit, darf auch gregorianisch singen.« Das stimmt! Man weiß aber heutzutage auch: Die Kirche ist auch Kirche, wenn sie durch den anderen, mit den anderen und für die andere da ist.

Zumindest im Dialog!

Gott ist zufrieden, wenn er geduzt wird!

Man wird nicht groß, wenn man die Größe für sich beansprucht.
Xhosa

Die Entscheidung, wann wer mit *du* und wann wer mit *Sie* anzusprechen ist, das war für uns stets auf neue eine große Herausforderung. Diese Differenzierung war für uns einfach nicht nachvollziehbar. Als Fremder bleibt einem da nichts anderes übrig, als nachzufragen. Und wir erhielten auch eine, auf den ersten Blick schlüssige Antwort: »Jemanden, der fremd ist, spricht man mit Sie an und jemanden, den man näher kennt mit du.«

Die Regel sah sehr praktisch aus. Da hat man dann gejubelt, dass die ganze Angelegenheit nicht so kompliziert war, wie sie auf den ersten Blick aussah. Im Lauf der Zeit merkten wir jedoch zu unserer Bestürzung, dass diese Regel nicht so einfach funktioniert. Noch schlimmer: Je länger wir hier waren, desto mehr bemerkten wir, dass sich selbst Einheimische häufig ungeheuer schwer damit tun, sich für eine der beiden Formen - der förmlichen/höflichen und der persönlichen/privaten - zu entscheiden.

»Aber so sind wir erzogen: Ältere Menschen werden gesiezt«, erklärte uns eine Bekannte. Aha! Es gab also eine zweite Regel! Jeder, der älter aussah als man selbst, wurde von da an gesiezt. Doch die Unsicherheit blieb.

Die Einheimischen selber fragen oft ganz ehrlich, ob sie einen duzen oder siezen sollen: »Wie macht Ihr das? Gibt es hier Richtlinien oder ein *ungeschriebenes Gesetz* oder ist's mal so mal so? Ich würde eigentlich gerne spontan alle Duzen, möchte aber natürlich niemanden düpieren. Darum würde ich gerne andere Meinungen/Erfahrungen dazu hören ...« Leider gibt es hierfür scheinbar keine eindeutigen Antworten. Aber es war dann doch interessant, als wir feststellten, dass die beiden Formen nicht nur beim Sprechen Unsicherheit verursachen, sondern auch beim Schreiben. Besonders die armen Sekretärinnen erleben diese Schwierigkeiten ähnlich wie Nichtmuttersprachler, wenn sie z. B. im Namen ihres Chefs Briefe schreiben müssen. Wird der Adressat vom Chef nun wieder mit *du* oder vielmehr mit *Sie* angesprochen? Es kann durchaus Ärger geben, wenn Sie einen näheren Bekannten des Chefs mit *Sie* anschreiben. Noch schlimmer ist es allerdings, wenn Sie umgekehrt einen seriösen Geschäftspartner plötzlich duzen ...

Einfacher ist es natürlich, wenn man in einer großen Firma arbeitet, in der Serienbriefe versendet werden, die einfach generell mit einem unpersönlichen *Sie* formuliert sind. Da gibt es natürlich kaum Beschwerden, da dort alles äußerst formell abgehandelt wird. Aber in der Gemeinde, wo die Gemeindemitglieder äußerst empfindlich sind, muss der Pfarrer sehr genau auf solche Feinheiten achten. Es tut dem Einzelnen ja auch gut, wenn er oder sie weiß, dass der Pfarrer speziell an ihn oder sie schreibt, und nicht einfach an alle auf einmal. Denn die *Sie-Form* hinterlässt doch stets das Gefühl, dass man nicht persönlich gemeint ist. Ja! Der Briefempfänger darf das *Sie* nicht auf sich persönlich beziehen. Die Spannung war hier also wieder sehr groß. Diese Feinheiten verursachen einen ganz schönen Aufwand - schließlich will man im Pfarramt auch elektronisch arbeiten. Da wird es dann kompliziert, wenn man stets aufs Neue sortieren muss, wo nun besser das *Sie* oder eher das *Du* passt.

In einer Gemeinde hat es ein Pfarrer so gemacht, dass er einfach alle Dankesbriefe an Ehrenamtliche elektronisch mit *Sie* anschrieb. Dann schrieb er bei denjenigen, bei denen er dachte, dass sie mit dieser Lösung unzufrieden wären, zusätzlich handschriftlich ihren Namen dazu. Trotzdem machen derartige Formalien vielen Menschen Angst - schließlich können sie nicht nur Ärger, sondern sogar Anklagen provozieren, wie es etwa Bastian Sick beschreibt: »Ein Angestellter des Bekleidungshändlers Hennes&Mauritz klagte gegen die von oben verordnete Duzerei. Doch das Gericht konnte keine Verletzung der Menschenwürde feststellen, verwies stattdessen auf die *Üblichkeit im Betrieb* und entschied zugunsten des Beklagten.« Wenn man das so liest, fragt man sich schon: »Echt?«

Doch! Also, wenn man aufgrund derartiger Praxis sogar verklagt werden kann, dann muss man schon genau darauf achten, wie man die Leute anspricht. Generell hatten wir den Eindruck, dass man mit einem förmlichen *Sie* sicherer ist, als mit dem *Du*. Also haben wir, um solche Komplikationen zu vermeiden, einfach generell die *Sie-Form* genutzt. Auch weil es für uns so sprachlich einfacher war: *Sie fahren* statt *du fährst*, *Sie sprechen* statt *du sprichst*, *Sie waren* statt *du warst* usw.

Sogar beim Sprachkurs war es nicht möglich zu lernen, wo nun das *Du* oder *Sie* angemessen ist. Doch wo sonst lernt man das denn? Manche Sprachlehrer wollten damals geduzt, andere gesiezt werden, obwohl alle doch gleich Sprachlehrer waren. Man musste also selbst herausfinden, welche Lehrer nun geduzt und welche gesiezt werden wollten. Das schürte bei uns dann wieder die Angst, denn es wurden ja auch Punkte vergeben. Demzufolge haben wir alle unsere Lehrer einfach gesiezt. Man will doch am Ende sein Zertifikat bekommen.

Bereits damals hatten wir uns gedacht, dass es Jahre dauern würde, bis wir sicher wüssten, wen man nun duzen und wen man siezen könne. Vielleicht wirkte es sich auch negativ aus, dass wir die Sprache im Norden Deutschlands erlernten. Denn dort oben wird heftiger gesiezt als hier im Süden. Da waren wir dann doch überrascht, als wir feststellten, dass das Klischee, dass es hier im Süden konservativer zuginge als im Norden nicht stimmt. Statistiken aus den Ferienorten im Allgäu zeigen, dass es tatsächlich die Menschen aus Norddeutschland sind, die auf eine Ansprache mit *Du* unzufrieden reagieren.

Meistens warten die Einheimischen darauf, dass man selber sagt, ob man geduzt oder gesiezt werden will. Diese Genehmigung war für uns eine dritte Regel. Sie erschien auch recht praktikabel. Trotzdem wird es doch schnell langweilig, wenn man permanent auf den Satz warten muss: »Du kannst schon du zu mir sagen!« Man braucht da manchmal sehr viel Geduld, da es bei manchen länger dauern kann.

Diese dritte Regel, war für uns also eine große Erleichterung. Es gab eine gewisse Orientierung, ganz egal wie lange es nun dauert, bis ein derartiges Angebot kommt. Die Wartezeit war kein allzu großes Problem, da die Regel offensichtlich funktionierte. Allerdings gibt es einige Menschen die vermutlich bis in alle Ewigkeit mit dem distanzierten *Sie* angesprochen werden. So warte ich auf einige *Du-Angebote* einiger Kollegen bis heute ohne Erfolg. Bei manchen habe ich das Warten aber auch schon längst aufgegeben. Das wird nichts mehr. Da ist das *Sie* richtig verinnerlicht.

Eine Frau aus Norddeutschland (nördlich der Donau) äußerte sich in Oberstaufen sogar deutlich gegen die allgegenwärtige Duzerei: «Ich mag nicht gleich von jedem geduzt werden. Ich gehöre zu einer Generation, die das nicht kennt. Das Distanzierte liegt mir mehr als das Kumpelhafte!«

Das war für mich wieder *Aua-aua*! Es zeigte sich deutlich: Die Frage der Generation darf nicht außer Acht gelassen werden. *Generation Golf, Generation Computer* und *Generation Facebook* sind da noch lange nicht das Ende der Fahnenstange. Das darf man nicht vergessen. Vielleicht ist das die vierte Regel: Bestimmte Generationen dürfen einfach generell nicht geduzt werden. Aber so eine Regel wurde doch nicht umgesetzt.

In den Allgäuer Ferienorten wollen sich die Einheimischen den Touristen annähern, ist ja klar. Aus diesem Grund wollten die Menschen in Oberstaufen den Usus von *Du* und *Sie* brechen. Den Touristen wurde dazu die Gelegenheit gegeben, zu entscheiden, ob sie geduzt oder gesiezt werden möchten. Dies verursachte eine nicht geringe Aufregung: »Ich mag nicht gleich von jedem geduzt werden …« Oder dann diese harte Mentalität: »Das Distanzierte liegt mir mehr, als das Kumpelhafte.«

Solche Aussagen kommen nicht von selbst. Eine solche Aussage beinhaltet ja auch etwas sehr Soziologisches. Es ist eine Art von Prägung, die hier herrscht. In Zeiten der Globalisierung erwarten wir eine Beschleunigung des kulturellen Wandels. Vielleicht ist diese im Allgäu bereits weiter entwickelt. Ist es hier denn wirklich anders? Aber ja doch! So mussten wir nach einiger Zeit, wir lebten bereits im Allgäu, leider eine fünfte Regel erlernen. Es ging um Respektpersonen. Uns wurde erklärt: »Bei uns werden *Respektpersonen* (das sind z. B. Polizisten, Bürgermeister, Lehrer, Chefs und auch Pfarrer) mit *Sie* angesprochen, um ihnen Respekt zu zeigen. Nur wenn man wirklich mit ihnen befreundet ist, darf man *du* sagen. Es gibt auch so genannte *Benimmregeln*: Da heißt es z. B., dass immer der Ältere dem Jüngeren das *du* anbieten soll oder der höher gestellte (z. B. der Chef) der untergebenen bzw. einfacheren Person. Das ist manchmal sehr kompliziert und nicht jeder kennt alle diese Regeln. Es gibt auch manche Allgäuer, die einfach zu jedem *du* sagen.«

Da es stimmt, dass es im Allgäu äußerst diffus ist, wen man nun wirklich duzt und wen man siezt, und es zu allem Überfluss anscheinend doch Menschen gab, die es als sehr grob empfanden, wenn man sie mit *du* ansprach, stieg unsere Unsicherheit ins Bodenlose. Auf den Bergen im Allgäu duzen sich die Bergsteiger ja generell - oder grüßen zumindest eher neutral: »Grüß Gott!«

Mir wurde aber erst später klarer, diesmal in München, nach knapp fünf Jahren, dass auch die genannte Allgäuer-Regel nicht immer funktioniert - zumindest außerhalb des Allgäus. Als ich die Menschen mal grob mit *du* angesprochen habe, wie es ab und zu im Allgäu gemacht wird, hätte das große Empörung auslösen können. Da hat dann vielleicht das Charisma des Fremden geholfen. Als Fremder kann man vieles tun, was Einheimische nicht riskieren dürften. Als Fremder hat man so einen gewissen Schutz und damit Raum viel auszuprobieren - auch zu provozieren. Also mit viel Geduld wurde mir dann noch eine weitere Regel nahe gelegt: »...der Mann darf leider nicht in der Öffentlichkeit zu einer Frau sagen: *Du kannst du zu mir sagen* ... Der Mann muss warten, bis die Frau selber das genehmigt ...«

Allerdings blieb unklar, ob es umgekehrt keine Empörung auslösen würde. Ob also eine Frau in der Öffentlichkeit einem Mann das *du* anbieten dürfe. Eigentlich stellte sich diese Regel ja nur als eine Erweiterung der dritten Regel, dass man warten müsse, bis man selber das *du* angeboten bekomme, dar. Von der regelmäßig geforderten Gleichberechtigung war hier nichts mehr zu spüren. Hier haben die Frauen das Sagen. Vielleicht wäre es ja auch gefährlich, wenn der Chef zu seiner Sekretärin sagen würde: »Du kannst *du* zu mir sagen.« Schwänge da nicht vielleicht mehr mit als die erwünschte Duzerei? Hier zeigt die Distanz der Siezerei durchaus ihre positiven Seiten. Manche nutzen die scheinbare Verbindlichkeit der Duzerei ja auch aus. Als ich so weit war, musste ich dann doch die Suche nach der endgültigen Regel für *Sie* und *du* aufgeben. Bis hierhin sollte es ausreichen. Mir wurde klar, dass es viel Zeit verlangt, diese Regeln zu beherrschen. Regeln, die dann doch wieder nicht funktionieren. Natürlich bieten die Regeln eine gewisse Orientierung, doch diese reicht leider meist nicht aus. Es gibt viele Einheimische die diese Regeln nicht beherrschen. Viele interessieren sich aber auch nicht für sie. Obwohl sie in dieser Hinsicht dann viele Fehler machen, sind sie doch glücklich. Vielleicht sind sie aber auch nur deshalb glücklich, weil ihnen gar nicht klar ist, dass sie etwas falsch gemacht haben.

Ein Fremder kann dieses Glück der Unwissenheit leider nicht so leicht genießen. Der glaubt nicht an das *So-ist-es-halt*. Der stellt sich immer die Frage nach dem *Warum*? In einem fremden Land kann der Fremde nicht alles als üblich und selbstverständlich hinnehmen. Der Fremde ist immer gezwungen, alles mit dem zu vergleichen, wie es in seinem Heimatland ist oder mit sonstigen Erlebnissen. In Hinblick auf diese Komplikationen, kann man nicht einfach jeden Einheimischen hier nach den Regeln fragen. Schließlich riskieren sie dabei einen größeren Gesichtsverlust als die Fremden, falls sich herausstellen sollte, dass sie diese gar nicht kennen. Vielen ist nicht einmal bewusst, dass sie aufgrund eines falsch platzierten *Dus* angeklagt werden könnten ...

Wie üblich zeigten sich die Geschäftsleute auch in diesem Gebiet sehr schlau. Die haben diese Herausforderung in der deutschen Sprache und Kultur erkannt und wollen daraus Gewinn machen. Oder besser formuliert: Die Globalisierung bestimmt mittlerweile sogar unsere Sprache. In vielen Firmen werden Kunden zunehmend geduzt. Für viele - vor allem für ältere Kunden - ist das dann *Aua-aua*. Sie sind schockiert, wenn sie einfach grob geduzt werden. Sie kennen das doch nicht. Bei IKEA denken sich viele noch, das geschehe aus Unwissenheit, da die schwedische Kultur ja keine Sie-Form kennt. In Schweden wird nicht gesiezt. Vielleicht der König, aber das weiß ich nicht so genau. Meine *Sie- Kollegen* werden sich sicherlich damit schwer tun, wenn sie feststellen, dass sie ihr *Sie* nicht mehr mit allen Mitteln behalten können. Kultur ist schließlich kein Tresor, nein, sie ist dynamisch. Oder sollten wir diese *Du-Firmen* doch darüber informieren, dass es Menschen gibt, die Herzprobleme haben und für die der Schock gefährlich werden könnte, wenn sie so grob und ohne Vorinformation geduzt werden? Oder sollen sie Warnschilder aufstellen: *Vorsicht! Sie werden hier bei uns geduzt*! oder *Vorsicht! Sie sind in einer ‚Du-Zone'?*

In Oberstaufen wurde die *Duzereiprobe* mit Schildern angekündigt, damit die Touristen nicht verschreckt würden. Auf den Schildern stand: *Hier werden Sie geDUzt*. Das *Du* war bereits aus der Ferne deutlich erkennbar.

Vielleicht ließen sich die Geschäftsleute ja von Kindern zu ihrer Idee anregen. Die duzen sich ja nur - ohne jegliche Komplikationen. Freilich, sobald sie in die Schule kommen, werden ihnen die Grenzen aufgezeigt. Lehrer duzt man nicht. Auch Firmen die ihre Kunden duzen, können damit an gewisse Grenzen stoßen. Eine derartige Praxis widerspricht schließlich der These, dass der Kunde König ist. Die Verwirrung bei Kunden von IKEA hört man also deutlich heraus, wenn sie fragen: »Man wird ja seit neustem bei Ikea geduzt ... das alleine ist schon mal echt befremdlich finde ich ... Außerdem steht bei uns im Ikea beim Hotdogstand über dem Mülleimer ein Schild mit der Aufschrift: *Danke, dass SIE uns helfen.* Warum wird man da nicht geduzt??? Oder haben die nur vergessen das auszutauschen? Kann mir mal irgendein Hobbypsychologe erklären, was das ewige Duzen bezwecken soll?«

Es gibt hier also eine permanente Verwirrung. Wenn sich die Verkäufer nicht sicher sind, wie sie ihre Kunden ansprechen sollen, dann umgehen sie das geschickt mit einem: »Danke für DEN Einkauf.« statt »Danke für DEINEN Einkauf.« Da merkt man nicht ob man nun geduzt oder gesiezt wird. Wo der Dialekt stark ist, hört man ja eh keinen großen Unterschied zwischen *DEN* und *DEINEN*.

Manche *Sie-Kunden* wissen genau, dass sie in manchen Geschäften geduzt würden. Um die ungewünschte Ansprache zu vermeiden, haben sie sich eine schlaue Taktik überlegt: Sie siezen den/die VerkäuferIn schnell, bevor der/die sie duzen kann. Sie wissen, dass es reichlich unverschämt wäre, wenn der/die VerkäuferIn sie in einer solchen Situation duzen würde. In Sitzungen versucht man derartige Verwirrungen von vornherein zu vermeiden. Man fängt die Sitzungen heutzutage nicht mehr mit der Frage an: »Wer schreibt das Protokoll?« Nein, zuerst klärt man heutzutage die Sprachregelung: »Können wir alle hier mit *du* ansprechen?« Da jubelt man dann innerlich. Das Problem ist, zumindest für diese Sitzung, gelöst. Verwirrend sind dann nur die Antworten. Von »Basstscho!« bis »Bei mir geht es schon mit du.« oder »Ich kann gut damit leben ...« ist meist alles dabei. Manche schaffen es aber doch, einem das Leben schwer zu machen, indem sie auf eine derartige Frage einfach nicht antworten! Da weiß man wieder nicht genau, ob wirklich alle geduzt werden dürfen oder nicht. Es ist also kein großes Wunder, wenn der Moderator die Sitzung mit den Worten eröffnet: »Ich bedanke mich bei Ihnen sehr, dass wir uns duzen können … Es ist auch für mich leichter, wenn ich Sie mit *du* ansprechen kann. Duzen zeigt Nähe und Intimität. Es heißt, du bist einer von uns!«

Lediglich der Blick nach oben, beruhigt einen in dieser Angelegenheit. Gott darf mit *Du* angesprochen werden. Er wird schon seit langer Zeit geduzt. Er scheint sogar sehr zufrieden damit zu sein. Wenn er das nicht wäre, hätte er sicher darauf reagiert. In der Bibel und in allen Liedern wird Gott einfach mit *du* angesprochen. Er wird sowohl formell als auch informell geduzt. Wenn sogar Gott mit *du* zufrieden ist, müssten doch eigentlich alle mit *du* zufrieden sein. Leider ist das aber nicht so.

Zu Weihnachten bin ich immer sehr glücklich, wenn ich Jesus in der Krippe liegen sehe. Dieses Bild veranschaulicht - wie das *Du* - die Nähe Gottes. Gott übt seine Macht nicht aus, indem er Völker und Nationen unterwirft. Nein, er geht jedem Einzelnen nach und will ihn für seine Liebe gewinnen. Das Wesen Christi lässt sich also fassen zwischen den Polen - Lamm Gottes und Löwe Judas - Opferbereitschaft und Allmacht. Er ist mitten unter uns. Er hat nicht gesagt: »Ich habe recht und ich bin der Stärkere. Ich bin der Chef!« Nein! Er hat gesagt: »Ich mache mich klein, damit niemand vor mir Angst haben muss. Auch nicht als Chef, niemand muss mich mit *Sie* ansprechen. Ich komme zu den Menschen, so dass sie es verstehen und begreifen. Als Kind, damit die Erwachsenen mich wie üblich mit *du* ansprechen können.« Von der Krippe aus sagt uns der Herr: »Du kannst *du* zu mir sagen.«

Deshalb ist die Botschaft an Weihnachten für mich: Gott ist mir nah, er ist sogar zufrieden, wenn ich ihn duze. Im Gottesdienst kann man uns, die *Herrn Hochwürden* siezen, so oft wie man will - aber Gott selbst darf man duzen! Ja, du Gott! Das ist doch wieder das Faszinierende an ihm! Und manchmal bin ich unendlich dankbar, dass Gott mich kennt. Er weiß, wenn ich traurig bin. Er weiß, wenn ich im Krankenhaus sitze und nicht weiß, was ich sagen soll. Genau da am Bett duzt er mich: »Fürchte dich nicht, denn ich habe dich erlöst; ich habe dich bei deinem Namen gerufen. Du bist mein!«

Auch er duzt mich! Er kennt sogar die Gefahr, dass man, wenn man einfach alle Menschen duzt, als ungebildet angesehen wird. Das weiß er bestimmt. Aber trotzdem. Er kennt all meine Herausforderungen. Sogar meine Schulden! Depressionen! Stress! Auch in meinen Problemen kann ich Gott duzen: »Du, Gott, hilf mir!« Und er reagiert: »Fürchte dich nicht: Ich bin bei dir. Du kommst gut durch!«

In Gott erlebe ich unendliche Freundschaft. Er versucht uns möglichst nah zu sein. Er ruft uns immer zu sich. Egal, wie es uns geht. Er geht offen auf alle Menschen zu. Er sieht uns, wie wir sein sollten. Er wartet, dass wir ihn ansprechen. Wenn nicht, spricht er uns an. Er hatte uns doch schon angesprochen. Man muss nicht viel überlegen. Man muss nicht darauf warten, bis Jesus uns das *Du* anbietet. Er hat uns doch das *Du* schon am Kreuz angeboten. Einfach darauf reagieren!

Er weiß, wie ich mich fühle, wenn ich an einem Sterbebett sitze. Er kennt das. Er duzt auch da: Fürchte dich nicht! Er sucht auch da die Gemeinschaft mit mir. Er will mich begleiten. Meine Zukunft ist bei ihm sicher. Die Auferstehung Jesu ist die Bestätigung dafür, dass Gott für uns alle da ist. Er will die ewige Gemeinschaft mit uns allen. Egal wie! Das Gespräch zwischen Karl Barth und einer Witwe ermutigt uns sehr:

> *Die Frau fragt: »Nicht wahr, Herr Professor, wir sehen doch all unsere Lieben im Himmel wieder?«*
>
> *Karl Barth antwortete: »Ja, ja, aber die anderen auch!«*

Die anderen sind auch willkommnen. Alle! Egal wie wir sind oder wo wir sind! Keiner von uns ist bei ihm abgeschrieben. Da sammeln wir uns alle wie Kinder. Die Weißen, die Schwarzen und die *people of colour*. John Oxenham machte dies 1908 mit folgenden Worten deutlich: »In Christus gilt nicht Ost noch West, es gilt nicht Süd noch Nord, denn Christus macht uns alle eins in jedem Land und Ort … Wer immer unserm Vater dient, ist der Familie Glied.«

Wenn bei ihm die Religion egal ist, dann ist von Konfession erst recht nicht mehr die Rede: »Wer immer unserm Vater dient, ist der Familie Glied.« Und frei wie die Kinder werden wir uns dort duzen. Und wie Kinder und Schüler ihre Lehrer manchmal duzen, so werden wir alle Engel und Heiligen duzen. Viele werden da dann ihre Chefs und Chefinnen zum ersten Mal duzen. Dort ist echte Gleichberechtigung zu erfahren. Doch! Männer dürfen dort sogar zu Frauen sagen: »Du kannst *du* zu mir sagen.« und es wird keine Empörung geben. Auch umgekehrt! Da treffen sich alle Generationen, die die *Duzerei* gekannt haben und die die *Siezerei* gekannt haben. Dort ist es wirklich anderes. Dort werden wir frei sein von allen Lasten! Darauf freue ich mich deshalb sehr.

So einen Gott wollen wir loben und preisen.

Der Autor

Emmanuel M.O. Kileo, 1975 als ältestes von acht Kindern in Arusha, im Nordosten Tansanias geboren, arbeitete nach seinem Theologiestudium vier Jahre lang als Pfarrer in seiner Heimat in zwei verschiedenen Kirchengemeinden - Uswaa und Ngaruma, ehe er 2007, im Rahmen eines fünfjährigen Austauschprogramms der Evangelisch-Lutherischen Kirche in Bayern mit Tansania, nach Deutschland kam. In seinem Buch *Grüß Gott aus Afrika!* beschreibt er seine Erlebnisse während des Austauschs und analysiert dabei augenzwinkernd die Mentalität der Deutschen.

Emmanuel Kileo lebt mit seiner Frau und seinen zwei Kindern in Kaufbeuren im Allgäu.